心一堂術數古籍珍本叢刊

書名：：談氏三元地理大玄空路透（原版足本）

系列：：心一堂術數古籍珍本叢刊　堪輿類　無常玄空珍秘系列　第三輯　332

作者：：【民國】談養吾

主編、責任編輯：：陳劍聰

心一堂術數古籍珍本叢刊編校小組：：陳劍聰　素聞　鄒偉才　虛白盧主

出版：：心一堂有限公司

通訊地址：：香港九龍旺角彌敦道六一〇號荷李活商業中心十八樓〇五一〇六室

深港讀者服務中心‧中國深圳市羅湖區立新路六號羅湖商業大廈負一層〇〇八室

電話號碼：：(852)9027-7110

網址：：publish.sunyata.cc

電郵：：sunyatabook@gmail.com

網店：：http://book.sunyata.cc

淘寶店地址：：https://shop210782774.taobao.com

微店地址：：https://weidian.com/s/1212826297

臉書：：https://www.facebook.com/sunyatabook

讀者論壇：：http://bbs.sunyata.cc/

版次：：二零一九年十一月初版

平裝

定價：：港幣　　　一百四十八元正

　　　　新台幣　　五百八十八元正

國際書號：：ISBN 978-988-8583-02-7

香港發行：：香港聯合書刊物流有限公司

地址：：香港新界大埔汀麗路36號中華商務印刷大廈3樓

電話號碼：：(852)2150-2100

傳真號碼：：(852)2407-3062

電郵：：info@suplogistics.com.hk

台灣發行：：秀威資訊科技股份有限公司

地址：：台灣台北市內湖區瑞光路七十六巷六十五號一樓

電話號碼：：+886-2-2796-3638

傳真號碼：：+886-2-2796-1377

網絡書店：：www.bodbooks.com.tw

台灣秀威書店讀者服務中心：

地址：：台灣台北市中山區松江路二〇九號一樓

電話號碼：：+886-2-2518-0207

傳真號碼：：+886-2-2518-0778

網絡書店：：http://www.govbooks.com.tw

中國大陸發行　零售：：深圳心一堂文化傳播有限公司

深圳地址：：深圳市羅湖區立新路六號羅湖商業大廈負一層〇〇八室

電話號碼：：(86)0755-82224934

心一堂微店二維碼

心一堂淘寶店二維碼

心一堂術數古籍 珍本 整理 叢刊 總序

術數定義

術數，大概可謂以「推算（推演）、預測人（個人、群體、國家等）、事、物、自然現象、時間、空間方位等規律及氣數，並或通過種種『方術』，從而達致趨吉避凶或某種特定目的」之知識體系和方法。

術數類別

我國術數的內容類別，歷代不盡相同，例如《漢書・藝文志》中載，漢代術數有六類：天文、曆譜、五行、蓍龜、雜占、形法。至清代《四庫全書》，術數類則有：數學、占候、相宅相墓、占卜、命書、相書、陰陽五行、雜技術等，其他如《後漢書・方術部》、《藝文類聚・方術部》、《太平御覽・方術部》等，對於術數的分類，皆有差異。古代多把天文、曆譜、及部分數學均歸入術數類，而民間流行亦視傳統醫學作為術數的一環；此外，有些術數與宗教中的方術亦往往難以分開。現代民間則常將各種術數歸納為五大類別：命、卜、相、醫、山，通稱「五術」。

本叢刊在《四庫全書》的分類基礎上，將術數分為九大類別：占筮、星命、相術、堪輿、選擇、三式、讖諱、理數（陰陽五行）、雜術（其他）。而未收天文、曆譜、算術、宗教方術、醫學。

術數思想與發展——從術到學，乃至合道

我國術數是由上古的占星、卜筮、形法等術發展下來的。其中卜筮之術，是歷經夏商周三代而通過「龜卜、蓍筮」得出卜（筮）辭的一種預測（吉凶成敗）術，之後歸納並結集成書，此即現傳之《易

經》。經過春秋戰國至秦漢之際，受到當時諸子百家的影響、儒家的推崇，遂有《易傳》等的出現，原

本是卜筮術書的《易經》，被提升及解讀成有包涵「天地之道（理）」之學。因此，《易‧繫辭傳》

曰：「易與天地準，故能彌綸天地之道。」

漢代以後，易學中的陰陽學說，與五行、九宮、干支、氣運、災變、律曆、卦氣、讖緯、天人感應

說等相結合，形成易學中象數系統。而其他原與《易經》本來沒有關係的術數，如占星、形法、選擇，

亦漸漸以易理（象數學說）為依歸。《四庫全書‧易類小序》云：「術數之興，多在秦漢以後。要其

旨，不出乎陰陽五行，生尅制化。實皆《易》之支派，傅以雜說耳。」至此，術數可謂已由「術」發展

成「學」。

及至宋代，術數理論與理學中的河圖洛書、太極圖、邵雍先天之學及皇極經世等學說給合，通過術

數以演繹理學中「天地中有一太極，萬物中各有一太極」（《朱子語類》）的思想。術數理論不單已發

展至十分成熟，而且也從其學理中衍生一些新的方法或理論，如《梅花易數》、《河洛理數》等。

在傳統上，術數功能往往不止於僅僅作為趨吉避凶的方術，及「能彌綸天地之道」的學問，亦

有其「修心養性」的功能，「與道合一」（修道）的內涵。《素問‧上古天真論》：「上古之人，其

知道者，法於陰陽，和於術數。」數之意義，不單是外在的算數、歷數、氣數，而是與理學中同等的

「道」、「理」--心性的功能，北宋理氣家邵雍對此多有發揮：「聖人之心，是亦數也」、「萬化萬事生

乎心」、「心為太極」。《觀物外篇》：「先天之學，心法也。……蓋天地萬物之理，盡在其中矣，心

一而不分，則能應萬物。」反過來說，宋代的術數理論，受到當時理學、佛道及宋易影響，認為心性本

質上是等同天地之太極。天地萬物氣數規律，能通過內觀自心而有所感知，即是內心也已具備有術數的

推演及預測、感知能力；相傳是邵雍所創之《梅花易數》，便是在這樣的背景下誕生。

《易‧文言傳》已有「積善之家，必有餘慶；積不善之家，必有餘殃」之說，至漢代流行的災變說

及讖緯說，我國數千年來都認為天災，異常天象（自然現象），皆與一國或一地的施政者失德有關；下

至家族、個人之盛衰，也都與一族一人之德行修養有關。因此，我國術數中除了吉凶盛衰理數之外，人心的德行修養，也是趨吉避凶的一個關鍵因素。

術數與宗教、修道

在這種思想之下，我國術數不單只是附屬於巫術或宗教行為的方術，又往往是一種宗教的修煉手段──通過術數，以知陰陽，乃至合陰陽（道）。「其知道者，法於陰陽，和於術數。」例如，「奇門遁甲」術中，即分為「術奇門」與「法奇門」兩大類。「法奇門」中有大量道教中符籙、手印、存想、內煉的內容，是道教內丹外法的一種重要外法修煉體系。甚至在雷法一系的修煉上，亦大量應用了術數內容。此外，相術、堪輿術中也有修煉望氣（氣的形狀、顏色）的方法；堪輿家除了選擇陰陽宅之吉凶外，也有道教中選擇適合修道環境（法、財、侶、地中的地）的方法，以至通過堪輿術觀察天地山川陰陽之氣，亦成為領悟陰陽金丹大道的一途。

易學體系以外的術數與的少數民族的術數

我國術數中，也有不用或不全用易理作為其理論依據的，如揚雄的《太玄》、司馬光的《潛虛》。

也有一些占卜法、雜術不屬於《易經》系統，不過對後世影響較少而已。

外來宗教及少數民族中也有不少雖受漢文化影響（如陰陽、五行、二十八宿等學說。）但仍自成系統的術數，如古代的西夏、突厥、吐魯番等占卜及星占術，藏族中有多種藏傳佛教占卜術、苯教占卜術；北方少數民族有薩滿教占卜術；不少少數民族如水族、白族、布朗族、佤族、彝族、苗族等，皆有占雞（卦）草卜、雞蛋卜等術，納西族的占星術、占卜術，彝族畢摩的推命術、占卜術……等等，都是屬於《易經》體系以外的術數。相對上，外國傳入的術數以及其理論，對我國術數影響更大。

曆法、推步術與外來術數的影響

我國的術數與曆法的關係非常緊密。早期的術數中，很多是利用星宿或星宿組合的位置（如某星在某州或某宮某度）付予某種吉凶意義，并據之以推演，例如歲星（木星）、月將（某月太陽所躔之宮次）等。不過，由於不同的古代曆法推步的誤差及歲差的問題，若干年後，其術數所用之星辰的位置，已與真實星辰的位置不一樣了；此如歲星（木星），早期的曆法及術數以十二年為一周期（以應地支），與木星真實周期十一點八六年，每幾十年便錯一宮。後來術家又設一「太歲」的假想星體來解決，是歲星運行的相反，週期亦剛好是十二年。而術數中的神煞，很多即是根據太歲的位置而定。又如六壬術中的「月將」，原是立春節氣後太陽躔娵訾之次而稱作「登明亥將」，至宋代，因歲差的關係，要到雨水節氣後太陽才躔娵訾之次，當時沈括提出了修正，但明清時六壬術中「月將」仍然沿用宋代沈括修正的起法沒有再修正。

由於以真實星象周期的推步術是非常繁複，而且古代星象推步術本身亦有不少誤差，大多數術數除依曆書保留了太陽（節氣）、太陰（月相）的簡單宮次計算外，漸漸形成根據干支、日月等的各自起例，以起出其他具有不同含義的眾多假想星象及神煞系統。唐宋以後，我國絕大部分術數都主要沿用這一系統，也出現了不少完全脫離真實星象的術數，如《子平術》、《紫微斗數》、《鐵版神數》等。後來就連一些利用真實星辰位置的術數，如《七政四餘術》及選擇法中的《天星選擇》，也已與假想星象及神煞混合而使用了。

隨着古代外國曆（推步）、術數的傳入，如唐代傳入的印度曆法及術數，元代傳入的回回曆等，其中我國占星術便吸收了印度占星術中羅睺星、計都星等而形成四餘星，又通過阿拉伯占星術而吸收了其中來自希臘、巴比倫占星術的黃道十二宮、四大（四元素）學說（地、水、火、風），並與我國傳統的二十八宿、五行說、神煞系統並存而形成《七政四餘術》。此外，一些術數中的北斗星名，不用我國傳統的星名：天樞、天璇、天璣、天權、玉衡、開陽、搖光，而是使用來自印度梵文所譯的：貪狼、巨

門、祿存、文曲、廉貞、武曲、破軍等，此明顯是受到唐代從印度傳入的曆法及占星術所影響。如星命術中的《紫微斗數》及堪輿術中的《撼龍經》等文獻中，其星皆用印度譯名。及至清初《時憲曆》，置閏之法則改用西法「定氣」。清代以後的術數，又作過不少的調整。

此外，我國相術中的面相術、手相術，唐宋之際受印度相術影響頗大，至民國初年，又通過翻譯歐西、日本的相術書籍而大量吸收歐西相術的內容，形成了現代我國坊間流行的新式相術。

陰陽學——術數在古代、官方管理及外國的影響

術數在古代社會中一直扮演着一個非常重要的角色，影響層面不單只是某一階層、某一職業、某一年齡的人，而是上自帝王，下至普通百姓，從出生到死亡，不論是生活上的小事如洗髮、出行等，大事如建房、入伙、出兵等，從個人、家族以至國家，從天文、氣象、地理到人事、軍事，從民俗、學術到宗教，都離不開術數的應用。我國最晚在唐代開始，已把以上術數之學，稱作陰陽（學），行術數者稱陰陽人。（敦煌文書、斯四三二七唐《師師漫語話》：「以下說陰陽人謾語話」，此說法後來傳入日本，今日本人稱行術數者為「陰陽師」）。一直到了清末，欽天監中負責陰陽術數的官員中，以及民間術數之士，仍名陰陽生。

古代政府的中欽天監（司天監），除了負責天文、曆法、輿地之外，亦精通其他如星占、選擇、堪輿等術數，除在皇室人員及朝庭中應用外，也定期頒行日書、修定術數，使民間對於天文、日曆用事吉凶及使用其他術數時，有所依從。

我國古代政府對官方及民間陰陽學及陰陽官員，從其內容、人員的選拔、培訓、認證、考核、律法監管等，都有制度。至明清兩代，其制度更為完善、嚴格。

宋代官學之中，課程中已有陰陽學及其考試的內容。（宋徽宗崇寧三年〔一一零四年〕崇寧算學令：「諸學生習……並曆算、三式、天文書。」「諸試……三式即射覆及預占三日陰陽風雨。天文即預

定一月或一季分野災祥，並以依經備草合問為通。」

金代司天臺，從民間「草澤人」（即民間習術數人士）考試選拔：「其試之制，以《宣明曆》試推步，及《婚書》、《地理新書》試合婚、安葬，並《易》筮法，六壬課、三命、五星之術。」（《金史》卷五十一·志第三十二·選舉一）

元代為進一步加強官方陰陽學對民間的影響、管理、控制及培育，除沿襲宋代、金代在司天監掌管陰陽學及中央的官學陰陽學課程之外，更在地方上增設陰陽學課程（《元史·選舉志一》：「世祖至元二十八年夏六月始置諸路陰陽學。」）地方上也設陰陽學教授員，培育及管轄地方陰陽人。（《元史·選舉志一》：「（元仁宗）延祐初，令陰陽人依儒醫例，於路、府、州設教授員，凡陰陽人皆管轄之，而上屬於太史焉。」）自此，民間的陰陽術士（陰陽人），被納入官方的管轄之下。

至明清兩代，陰陽學制度更為完善。中央欽天監掌管陰陽學，明代地方縣設陰陽學正術，各州設陰陽學典術，各縣設陰陽學訓術。陰陽人從地方陰陽學肄業或被選拔出來後，再送到欽天監考試。（《大明會典》卷二二三：「凡天下府州縣舉到陰陽人堪任正術等官者，俱從吏部送（欽天監），考中，送回選用；不中者發回原籍為民，原保官吏治罪。」）清代大致沿用明制，凡陰陽術數之流，悉歸中央欽天監及地方陰陽官員管理、培訓、認證。至今尚有「紹興府陰陽印」、「東光縣陰陽學記」等明代銅印，及某某縣某某之清代陰陽執照等傳世。

清代欽天監漏刻科對官員要求甚為嚴格。《大清會典》「國子監」規定：「凡算學之教，設肄業生。滿洲十有二人，蒙古、漢軍各六人，於各旗官學內考取。漢十有二人，於舉人、貢監生童內考取。教以天文演算法諸書，五年學業有成，舉人引見以欽天監博士用，貢監生童以天文生補用。」學生在官學肄業、貢監生肄業或考得舉人後，經過了五年對天文、算法、陰陽學的學習，其中精通陰陽術數者，會送往漏刻科。而在欽天監供職的官員，《大清會典則例》「欽天監」規定：「本監官生三年考核一次，術業精通者，保題升用。不及者，停其升轉，再加學習。如能電

勉供職，即予開復。仍不及者，降職一等，再令學習三年，能習熟者，准予開復，仍不能者，黜退。」除定期考核以定其升用降職外，《大清律例》中對陰陽術士不準確的推斷（妄言禍福）是要治罪的。

《大清律例‧一七八‧術七‧妄言禍福》：「凡陰陽術士，不許於大小文武官員之家妄言禍福，違者杖一百。其依經推算星命卜課，不在禁限。」大小文武官員延請的陰陽術士，自然是以欽天監漏刻科官員或地方陰陽官員為主。

官方陰陽學制度也影響鄰國如朝鮮、日本、越南等地，一直到了民國時期，鄰國仍然沿用着我國的多種術數。而我國的漢族術數，在古代甚至影響遍及西夏、突厥、吐蕃、阿拉伯、印度、東南亞諸國。

術數研究

術數在我國古代社會雖然影響深遠，「是傳統中國理念中的一門科學，從傳統的陰陽、五行、九宮、八卦、河圖、洛書等觀念作大自然的研究。……傳統中國的天文學、數學、煉丹術等，要到上世紀中葉始受世界學者肯定。可是，術數還未受到應得的注意。術數在傳統中國科技史、思想史、文化史、社會史，甚至軍事史都有一定的影響。……更進一步了解術數，我們將更能了解中國歷史的全貌。」（何丙郁《術數、天文與醫學中國科技史的新視野》，香港城市大學中國文化中心。）

可是術數至今一直不受正統學界所重視，加上術家藏秘自珍，又揚言天機不可洩漏，「（術數）乃吾國科學與哲學融貫而成一種學說，數千年來傳衍嬗變，或隱或現，全賴一二有心人為之繼續維繫，賴以不絕，其中確有學術上研究之價值，非徒癡人說夢，荒誕不經之謂也。其所以至今不能在科學中成立一種地位者，實有數因。蓋古代士大夫階級目醫卜星相為九流之學，多恥道之；而發明諸大師又故為惝恍迷離之辭，以待後人探索；間有一二賢者有所發明，亦秘莫如深，既恐洩天地之秘，復恐譏為旁門左道，始終不肯公開研究，成立一有系統說明之書籍，貽之後世。故居今日而欲研究此種學術，實一極困難之事。」（民國徐樂吾《子平真詮評註》，方重審序）

現存的術數古籍，除極少數是唐、宋、元的版本外，絕大多數是明、清兩代的版本。其內容也主要是明、清兩代流行的術數，唐宋或以前的術數及其書籍，大部分均已失傳，只能從史料記載、出土文獻、敦煌遺書中稍窺一鱗半爪。

術數版本

坊間術數古籍版本，大多是晚清書坊之翻刻本及民國書賈之重排本，其中豕亥魚魯，或任意增刪，往往文意全非，以至不能卒讀。現今不論是術數愛好者，還是民俗、史學、社會、文化、版本等學術研究者，要想得一常見術數書籍的善本、原版，已經非常困難，更違論如稿本、鈔本、孤本等珍稀版本。

在文獻不足及缺乏善本的情況下，要想對術數的源流、理法、及其影響，作全面深入的研究，幾不可能。

有見及此，本叢刊編校小組經多年努力及多方協助，在海內外搜羅了二十世紀六十年代以前漢文為主的術數類善本、珍本、鈔本、孤本、稿本、批校本等數百種，精選出其中最佳版本，分別輯入兩個系列：

一、心一堂術數古籍珍本叢刊
二、心一堂術數古籍整理叢刊

前者以最新數碼（數位）技術清理、修復珍本原本的版面，更正明顯的錯訛，部分善本更以原色彩色精印，務求更勝原本。并以每百多種珍本、一百二十冊為一輯，分輯出版，以饗讀者。

後者延請、稿約有關專家、學者，以善本、珍本等作底本，參以其他版本，古籍進行審定、校勘、注釋，務求打造一最善版本，方便現代人閱讀、理解、研究等之用。

限於編校小組的水平，版本選擇及考證、文字修正、提要內容等方面，恐有疏漏及舛誤之處，懇請方家不吝指正。

心一堂術數古籍　珍本　叢刊編校小組
心一堂術數古籍　整理　叢刊編校小組

二零零九年七月序
二零一四年九月第三次修訂

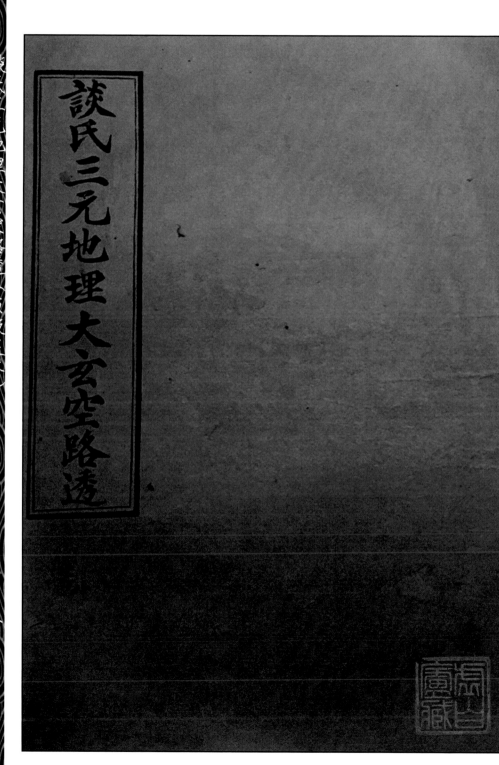

談氏三元地理大玄空路透（原版足本）

一

心一堂術數古籍珍本叢刊　堪輿類　無常派玄空珍秘

癸亥小春

悟徹天機

擔僧氏題

著者談養吾肖像

元地理
談氏三

大玄空路透

聰聽堂談氏藏版

民國十二年 癸亥孟冬

聰聽堂藏版

玄空術序

玄空之義本青囊經地形家之推時運用之地理辨正疏引孔穎達易正義序而取其玄之

又玄住內住外之空二語謂玄空之義本此余謂孔子撰易文言於坤之上六曰天玄而地

黃後漢書張衡傳常好玄經注引桓譚新論謂揚雄作玄經以爲玄者天也解玄爲天義本

孔子空之義今謂空間然則玄空者天運之流行於空際之義爾青囊序謂傳古玄空術而

演經立義者始晉郭璞郭璞以後傳者不可見略可考者唐楊筠松得之以授曾公安寶照

經又有授黃公之說余嘗推其義蓋取易乾鑿度太乙下行九宮法以立地紀取易稽覽圖

推天地人元之術以分天運取易辨終備斗視之說立挨星法以推當運與否而其秘者在

挨星四庫書目論南唐何令通所著之靈城精義謂元運說始慕講五代時不當有此非也

寶照經已分山水爲天地人三元寶照經之作或題唐楊筠松是否姑無論然必不後於靈

城精義之書宋自邵康節後盛行元運之說慕講當爲陳友諒之遺臣張定邊敗而隱爲僧

者生宋之後其言元運固宜慕講元運之說繼之者爲蔣大鴻然慕講語有云坎離逢震巽

一聽聽堂藏版

艮兌合乾坤者。與今東西四宅命之說合。未知幕講與蔣大鴻之術。其推行一無同異否也。

明萬曆後盛行雙山三合五行。此本青囊序二十四山雙山起語玄空術以飛替之陰陽論

順逆行。此真所謂雙雙起者三合五行家以雙山當此。此可斷雙山說之誤也。四庫書目序

元吳澄所釐訂之葬書謂宋時行淨陰淨陽山向法。至明清之交蔣大鴻氏出舉諸家而悉

推去之獨標玄空之義顧於其論挨星術也。以為天禁秘而勿傳於是揣測蔣氏者各立挨

星之說。繁不可紀。咸以為得其秘傳其真地理錄要及地理辨正疏巳撮諸家之訣。或辭而

闢之矣。余亦得人授以秘本世之別傳蓋多其已刊書見當世者。如辨正疏以周易詮蔣氏

義實亦未得蔣氏之傳。而尤外者如端木國瑚之地理元文是也。蔣氏之原本寶照經而授

之訣者本無極子殆即歸厚錄之著者其姓名曰冷謙或曰冷仙是也蔣氏之術經

數傳而有無錫之章仲山先生章氏著地理辨正直解及心眼指要等書亦秘不言其法其

鄉楊九如先生得之於章氏。而傳之談先生養吾故談先生之傳為有本其法以元運地為

天地人三運宮九以九運當王之一星立極入之中宮以飛法順行視其地之元所得之星。

以替法更取其地所得之星立極入之中宮陽順陰逆輪行視其地所得之星生旺衰死又

兼視其輔星與合河洛生成之數者以斷其吉凶衰盛其飛替分山與向兩行之又取其旁

各宮之山水互論之其三元九宮陰陽之例具如書嚮吾觀地理辨惑已半揭其端倪矣夫

今之堪輿於漢書藝文志爲形家漢志有宮宅地形書二十卷所謂舉九州之勢以立城郭

室舍此形家之義也漢志別有堪輿金匱十四卷師古引許愼曰堪天道輿地道而入之五

行家與地形之書蓋異三國志載管輅過母邱儉墓下以形勢論吉凶悉驗固未聞參之以

理氣說也最古公劉遷豳詩經載之曰陟則在巘復降在原既景逎岡相其陰陽觀其流泉

此載遷豳之始公劉登降山水以觀形勢之說蓋詳故余名今之堪輿家爲地形家蓋以形

勢爲本而後運氣始行否則無其形而有其運猶木本之不植雖至春令而生育其可冀乎

蔣大鴻之玄空術於諸家信過之原本古義卓自立宗其論形勢之說若連脉飛脉去水以

返生氣多獨見創說有不可易者至若以大盡爲山水正結於垣局之理茫然此蔣大鴻之

所短其於形勢蓋疏果能以當運而發天地之精英乎談先生欲廣蔣氏之傳以不絕於當

世。余深尚其志故爲之溯述原本而益以形本之義斬與玄空術共實驗之蔣智由序

附論青囊玄空語始

晉書郭璞傳璞河東人河東有郭公者璞從之受業郭公予璞青囊中書九卷璞由是洞五

行天文卜筮之術青囊之語原始此或題青囊爲黃石公傳赤松子述義此附會之可笑者。

曾青囊序謂晉世景純傳此術演經立義號玄空則以青囊之傳爲古法而演經立玄空之

名則始自郭璞此玄空語之本也郭璞擅文章晉書稱其好古文奇字余觀郭璞所爲詩風

骨高異卓出一時其書惟易洞林淵古出郭璞所自撰葬經亦璞書而真僞錯半有後世益

之者青囊經文氣作語均不類郭璞今亦用序義不用經與序殆均唐時楊曾爲之如是

則無害矣璞諸書元書爲尤僞以其文不類術可託文不可得而託未有文卑而道高道小

而術神者也夫藝術之行古必有異人作故牽引重其人而要不能僞其書春秋時中原以

易卜筮載左氏傳而吳越獨行六壬范蠡子胥皆以六壬推變入吳越春秋六壬之始云出

韓終韓終古仙人見屈原楚辭之遠遊篇吳越與楚皆南方其術獨首行之奇門推古云自

風后。而易之始。亦云庖犧氏作。然則楊曾立玄空義。云出青囊始郭璞者。猶此義爾。而非青

囊之爲郭璞作也。

自序

粵自陰陽八卦始於伏羲文王。盛於晉唐迄今數千年從事闡揚者有之從事僞造者有之。

曆觀坊間刊本大都講巒頭不求理氣且各樹一說閱之令人目眩心昏此非養吾之過言。

喜於研究三元者類皆知之養吾幼而默察長而從師數年學成其中玄妙實非文學之可

比於是既知其奧必求貫澈方止因之悉心研究將師所授者筆之於書以蔣氏章氏辨正

直解諸書爲模本以諸家秘要爲參考屢試屢驗乃知古人以八卦九星判三元陰陽宅之

吉凶至有理焉。一觀曆來大家悉守古訓不敢公開不數百年而其道漸沒良可慨也欲從

事闡揚之舍公開無可挽回爰將經研所得仿照無心道人二宅玄機臨宅指南各秘書編

訂成册以最初步入首由淺入深不求文字之精密但求事理之明瞭其每運山向變化生

尅編爲列成俾學者可以按圖推求其玄空之交媾陰陽之運用按法論列無微不至至於

選吉奇門附載卷末聊作參考先哲遺稿亦採取數篇其餘實驗各法以後續刊世之明達

者其笑我爲愚鈍否也民國癸亥孟冬談養吾序。

一聯聽堂藏版

談氏三元地理大玄空路透

談氏三元地理大玄空路透卷一

三元奇術研究社主任武進浩然談養吾著

◎二十四山向圖

一白貪狼。　二黑巨門。

三碧祿存。　四綠文昌。

五黃廉貞。　六白武曲。

七赤破軍。　八白左輔。

九紫右弼。

聰聽堂藏版

●開山立向總論

凡陰陽兩宅開山立向。首看本年某方大利某方為太歲某方為年五黃某方為年三煞某方為七煞再看本月某方為月三煞某方為月五黃擇其空位無一切凶神者然後擇定某山某向再看來水去水來龍入首水道及地形有情無情龍身老少前後左右卦爻有無妨礙。點穴宜前宜後宜左宜右俾得一卦清純再配以大玄空挨星秘訣趨其生旺避其衰死。向盤旺星挨入水口山盤旺星挨到山上再合化命祭主花甲命宮當令則吉尅制則凶然後擇定地點立定山向方合直達補救如陽宅開山立向其用神與陰宅無異所謂陰陽一理是也造以宅主為本葬以化命為主猶作灶之以中饋命為主嫁娶之以新人為主是也全憑作者舉一反三變通用之語云庸醫誤一人地師誤一門其責任之重可以見矣愼之愼之。

●修方總論

修方與開山立向大同小異倘偶一不愼以修方誤為開山立向則凶禍百出故先須推算

本年太歲、三煞、七煞年五黄及本月三煞在何方、月五黄在何方。然後相其陰陽觀其流泉。

再看陰陽宅所修方位用盤格出在某卦某干某支如申、子、辰年月煞在南方巳、午、未是年東西山向大利。如朝東住宅欲在宅之南方添造房屋則以修方論山向雖大通方位確不利切不可動如朝南住宅欲造後層則北方方位通利雖為向煞亦可借用所謂三煞宜向不宜坐是山。如在子年則為太歲切不可動如朝南住宅欲造前層則確值三煞用之則凶禍立見至於陰宅修方其用法與陽宅略同如亥、卯、未煞在西方申、酉、戌立寅申甲庚卯西、乙辛辰戌山向為之向煞反之即為坐煞是年南北大利如藍墳朝南山向今在坎之右面立穴確值申、酉、戌三煞犯之即為蕐三煞定主傷丁近則十數天遠則月內如在坎之左面立穴則無妨惟在卯年則為太歲切不可用如造蕐處離坎離宅在百步之外者則雖在煞方百無禁忌矣。

●三元九運分配法

上元甲子六十年甲子、甲戌二十年為一白運甲申、甲午二十年為二黑運甲辰甲寅二十

年。為三碧運。

中元甲子六十年甲子、甲戌二十年。為四綠運甲申、甲午、二十年。為五黃運甲辰、甲寅、二十年。為六白運。

下元甲子六十年甲子、甲戌、二十年。為七赤運甲申、甲午、二十年。為八白運甲辰、甲寅、二十年。為九紫運

（解）前清康熙二十三年屬上元甲子乾隆九年屬中元甲子嘉慶九年屬下元甲子起七赤運道光四年甲申起八白運道光二十四年甲辰起九紫運同治三年為上元甲子。至光緒九年止屬一白運光緒十年甲申至光緒二十九年止屬二黑運光緒三十年甲辰至民國十三年止屬三碧運民國十三年起為中元甲子至民國三十二年止屬四綠運民國三十三年甲申至民國五十二年止屬五黃運民國五十三年甲辰至民國七十二年止屬六白運民國七十三年起為上元甲子至民國九十二年止屬七赤運民國九十三年甲申至民國一百十二年止為八白運民國一百十三年甲辰至民國一百三十

二年止屬九紫運民國一百三十三年起復爲上元甲子周而復始千古不易學者循序推算自可瞭然矣。

●掌訣

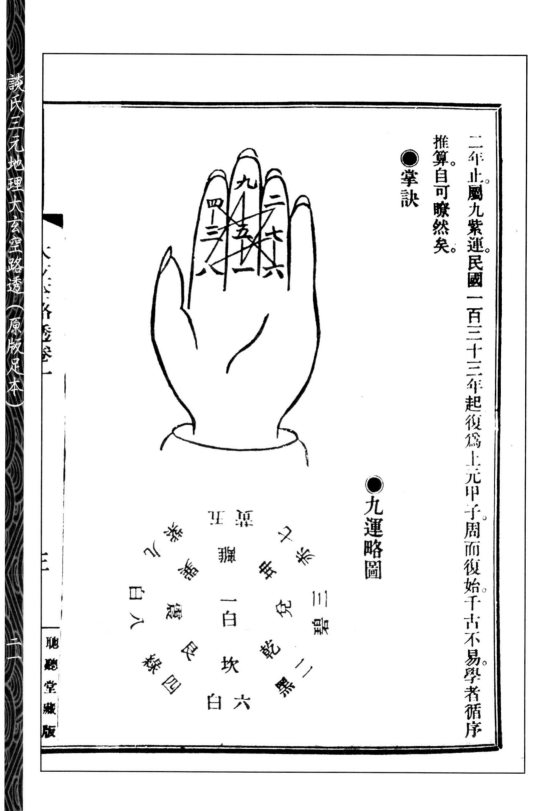

●九運略圖

二二

八白

巽　四綠

兌

二黑　坎

七赤

一白　震

九紫　艮　五

三碧　乾

五黃

四綠　乾

三碧　坎

八白

一白　震

二黑　巽

七赤　兌

艮　六

大玄空路透　卷一

六白
坎
二黑

七赤
坎
三碧

八白
坎
綠四

九紫
坎
黃五

◉年紫白推算法

上元甲子年。一白入中宮中元甲子年。四綠入中宮下元甲子年。七赤入中宮

（解）易曰數往者順。知來者逆。故上元甲子年紫白為一白入中宮。則二黑到乾三碧到兌四綠到艮五黃到離六白到坎七赤到坤八白到震九紫到巽乙丑年年紫白為九

紫入中宮。則一白到乾二黑到兌三碧到艮四綠到離五黃到坎六白到坤七赤到震八白到巽丙寅年年為八白入中宮。則九紫到乾一白到兌二黑到艮三碧到離四綠到坎五

黃到坤六白到震七赤到巽丁卯年年為七赤入中宮戊辰年年為六白入中宮已巳年年為五黃庚午年為四綠。辛未為三碧壬申為二黑癸酉為一白甲戌為九紫乙亥為八白丙子為

七赤丁丑為六白戊寅為五黃依次類推甲申年年紫白為八白入中宮甲午年年紫白為九紫乙亥為八白丙子為

為七赤入中宮甲辰年年紫白為六白入中宮甲寅年年紫白為五黃入中宮如中元甲

子年年紫白為四綠入中宮甲戌年年為三碧甲申年年為二黑甲午年年為一白甲辰年年為九

紫甲寅年年為八白如下元甲子年年紫白為七赤入中宮甲戌年年為六白甲申年年為五黃。

甲午年為四綠甲辰年為三碧甲寅年為二黑三元九運已終再交甲子年復為上元甲子。仍起一白至中元復起四綠至下元復起七赤依次類推千古不易

●掌訣

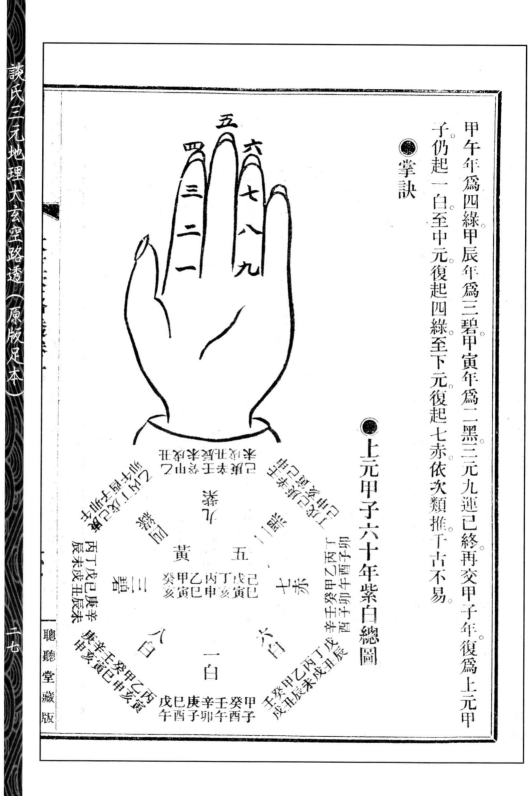

●上元甲子六十年紫白總圖

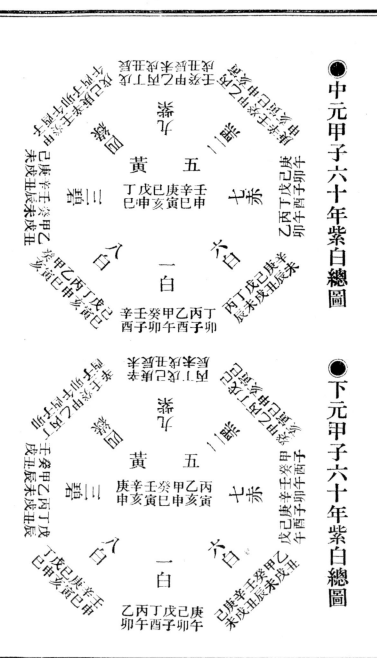

● 中元甲子六十年紫白總圖　　● 下元甲子六十年紫白總圖

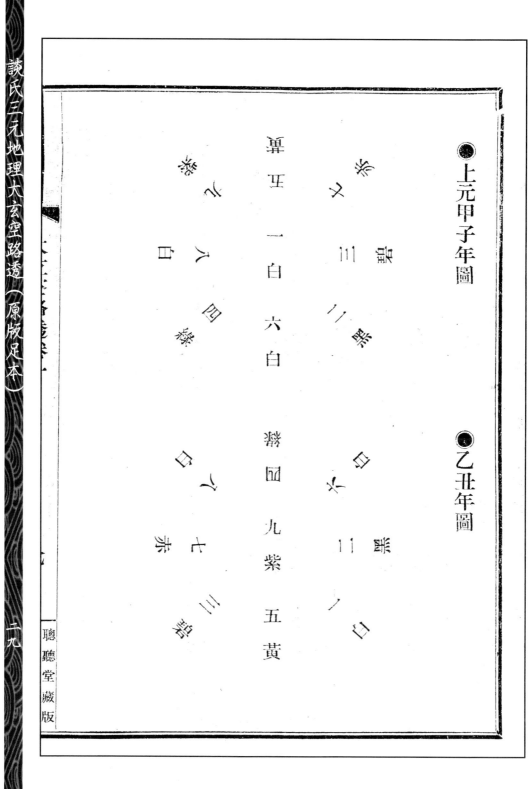

聰聽堂藏版

●月紫白推算法

子、午、卯、酉年正月起八白辰、戌、丑、未年正月起五黃寅、申、巳、亥年正月起二黑。

（解）月紫白與年紫白不同不論上中下三元凡子午卯酉年正月起八白入中宮。二月爲七赤三月爲六白四月爲五黃五月爲四綠六月爲三碧入中宮七月爲二黑八月爲一白九月爲九紫入中宮十月則仍爲八白入中宮周而復始依此類推凡辰、戌、丑、未年正月均爲五黃入中宮二月爲四綠三月爲三碧四月爲二黑五月爲一白六月爲九紫七月爲八白八月爲七赤九月爲六白十月仍爲五黃凡寅、申、巳、亥年正月均爲二黑入中宮二月爲一白三月爲九紫四月爲八白五月爲七赤六月爲六白七月爲五黃八月爲四綠九月爲三碧十月仍爲二黑今將略圖列左。

○子午卯酉年正月圖

五黃	一白	九紫
三碧	八白	四綠
七赤	六白	二黑

○二月圖

四綠	九紫	八白
二黑	七赤	三碧
六白	五黃	一白

○三月

三碧	八白	七赤
一白	六白	二黑
五黃	四綠	九紫

●子午卯酉年總圖

二黑十一月
九紫十月
七赤十二月
六白正月
五黄四月
四綠五月
三碧六月
一白八月
八白十月

●辰戌丑未年總圖

二黑正月
八白九月
七赤九月
六白正月
五黄十月
四綠十二月
三碧十一月
一白五月
八白七月

大玄空路透卷一

● 寅申巳亥年總圖

九紫
五月

七赤
十二月

六白
九月

三碧
六月

四綠
三月

五黃
七月

一白
十月

二黑
二月

八白
四月

三碧
九月

（解）以上年、月、紫白。於開山、立向、修方、最
忌者爲五黃一星。切不可犯。犯之則諸事
不利。此外九星有吉有凶。於開山立向、修
方均無妨礙。惟在配合大玄空飛星。定其
衰、旺、生、死。合其五行生尅。則爲用甚廣。故
先用起例。至於變化用法後當續解。

● 太歲

子年在子方丑年在丑方寅年在寅方卯年在卯方辰年在辰方巳方午年在午方。

未年在未方申年在申方酉年在酉方戌年在戌方亥年在亥方。

（解）太歲為一年之主宰掌一年之吉凶吉則助吉凶則助凶宜坐不宜向避之為吉犯之則其禍大而且久如子年立子山午向卽為坐太歲如立午山子向卽為向太歲修子方卽為動太歲能不坐不向不動最為頂好不得已而坐之動之須看年、月有無吉神方

可開山立向語云若要貴修太歲其中已有玄妙切勿輕犯

● 七煞

子年在午方丑年在未方寅年在申方卯年在酉方辰年在戌方巳年在亥方午年在子方。

未年在丑方申年在寅方酉年在卯方戌年在辰方亥年在巳方。

（解）七煞一名歲破切不可犯不得已而犯之須看年、月、有無太陽及其他貴人祿馬等

吉神飛到此方方可興工否則其凶立見。

●年三煞

申、子、辰水局煞在南方巳午未。寅午戌火局煞在北方亥、子、丑、亥、卯、未、木局煞在西方申、酉、戌、巳、酉、丑、金局煞在東方寅卯辰。

（解）年煞為年內最凶之神宜向不宜坐犯之則凶禍立見如子年、立巳午未三山。即為坐煞立丙丁二山即為夾煞立亥壬子癸丑五、山即為向煞修巳丙午丁未五方、即為犯煞雖有吉神臨方不能化解不得已而向之則無妨然須有吉神到向方可。

●月三煞

正五九月煞在北方亥子丑、二六十月煞在西方申、酉、戌三七十一月煞在南方巳午未。四八十二月煞在東方寅卯辰。

（解）月煞之推算法本與年煞相同惟年煞為一年不動之凶星月煞則按月遷移宜向不宜坐犯之則凶禍立見遲則月內速則旬日如正月立亥子丑三山即為坐煞立壬癸二山即為夾煞立巳丙午丁本五山即為向煞修亥子丑方即為動煞雖有一切吉神均

不能化解不得已而向之則無妨然湏有吉神到向方可。

圖位方煞三月年

自書

亥卯未
　　　月

申　上元宮中　北午年月
　　　　　　　酉
　　　　　　　寅
　　　　　　　戌
　　　　　　東
　　　　丑酉巳
　　　　正酉巳
　　　　　年
　　　　　月

●大玄空挨星秘訣

大玄空妙無窮用九星挨九宮分順逆各不同每八卦一卦通纏何位落何宮夫與婦各相

從隨元運判吉凶山管山水管水兩相照宜和融空位忌流沖艮寅甲巽巳丙坤申庚乾、

亥、壬此十二陽順行子癸丑卯乙辰午丁未酉辛戌此十二陰逆輪曰子癸曰卯乙曰午丁、

曰酉辛兩相比是雙陰曰乾亥曰艮寅曰巽巳曰坤申兩不雜雙陽親曰庚甲曰丙壬此四

干單陽名曰辰戌曰丑未此四支號單陰排六甲佈八門分陰陽定五行陰轉陽陽轉陰有

時陽有時陰顛顛倒順逆輪順與逆空中尋坤壬乙巨門出艮丙辛是破軍巽辰亥武曲位

甲、癸申貪狼行天星轉九宮更非巨門曰巨門非破軍曰破軍雙雙起無定名通變化任橫

行。

（解）大玄空飛星自古以來緊守秘密不肯道破因之欲研究斯學者不得其門而入卽

辨正一書半屬理氣雖經錫山章氏直解溫氏續解闚之者尙難入門此無他實緣於玄

妙深奧一時未易道破耳鄙人不憚文詞之粗俗注解之煩瑣從最初步入手以期學者

大玄空路透卷一

閱之瞭如指掌。由淺入深得窺全豹其開口卽言大玄空妙無窮用九星挨九宮分順逆。

各不同每八卦一卦通者卽謂大玄空用法奧竅也九星卽坎宮一白水屬貪狼坤宮二

黑土屬巨門震宮三碧木屬綠存巽宮四綠木屬文曲中宮五黃土屬廉貞乾宮六白金、

屬武曲兌宮七赤金屬破軍艮宮八白土屬左輔離宮九紫火屬右弼是也挨九宮卽將

九星挨佈九宮陽者一二三四五六七八九順飛陰者一、九八七六五四三二逆飛故云

各不同每八卦一卦通者卽中宮一卦之用神是也中宮屬陽卽順飛中宮屬陰卽逆飛。

隨元運判吉凶者卽隨元運分出衰旺、生死判斷吉凶是也。山管山水管水者卽山盤飛

佈九宮之星要有山遇水則無涉向盤飛佈九宮之星要有水遇山則無涉故山管山水

管水係指坐山向首兩卦而言惟空位忌流冲者指傍六卦言之也。乾坤艮巽甲庚、壬丙、

寅申巳亥屬陽順飛子午卯酉乙辛丁癸辰戌丑未屬陰逆飛有時陰轉陽陽

轉陰者極言其變化無窮也坤宮本屬巨門有時飛到坎宮有時飛到震宮兌宮本屬破

軍有時飛到艮宮有時飛到離宮乾宮本屬武曲有時飛到巽宮有時飛到中宮坎宮本

鳳貪狼。有時飛到坤宮有時飛到震宮不特此也且九星有時均能飛佈九宮無有一定。

故曰某宮本非巨門而與巨門為一例某宮本非破軍而與破軍為一例簡括言之即某

宮本非貪巨祿文廉武破輔弼而與貪巨祿文廉武破輔弼為一例知此則變化既通任

我橫行矣。任橫行者即運用自如之謂也

◉ 三元九運二十四山向陰陽順逆總圖

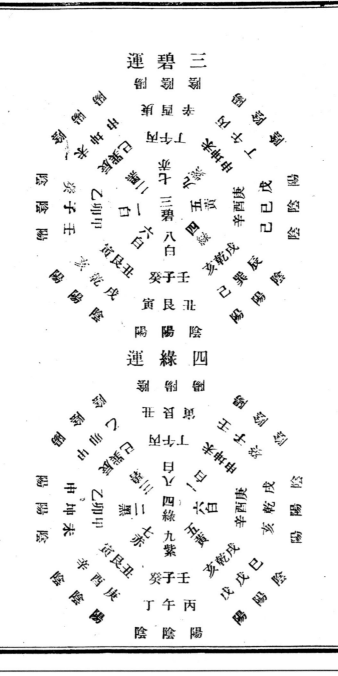

五黃運

六白運

七赤運

陰陰陽

二七赤九紫一白八白三碧

壬子癸
甲卯乙
陽陰陰

八白運

陰陰陽

三碧八白四綠九紫二黑一白

壬子癸
辰巽巳
陰陽陽

九紫運

一白　二黑　三碧　四綠　五黃　六白　七赤　八白　九紫

壬　子　癸
戊　巳　巳
陽　陰　陰

聽籢堂藏版

◎三元九運二十四山向中宮立極說

易曰天地定位山澤通氣雷風相迫水火不相射八卦相錯數往者順知來者逆云者前

數句係指先天乾南坤北離東坎西初無變化卽先天爲體之意後數句言八卦相錯數往

者順知來者逆云者卽含洛書戴九履一左三右七二四爲肩六八爲足五十居中生出

陰陽變化卽後天爲用之意按後天八卦中五乾六兌七艮八離九坎一坤二震三巽四乃

九星流動之用法已見一班世人不察誤讀爲乾坎艮震巽離坤兌居中而乾六兌七艮八

首以兌爲末陰陽變化全憑立極者卽中宮是也故後天五數居中實則八卦並非以乾爲

離九坎一坤二震三巽四顛倒錯亂飛佈八方立極一星猶君主之有帝皇民主之有總統

隨時代以相讓依任期以更替故八卦九數各有立極主宰之時期上中下三元一二三四

五六七八九運於是以分上元有上元之用神中元有中元之用神下元有下元之用神各

不相侵者也上元甲子甲戌初二十年一白立極爲之一白運。

爲之二黑運甲辰甲寅二十年三碧立極爲之三碧運中元甲子甲戌初二十年四綠立極

為之四綠運甲申甲午二十年五黃立極爲之五黃運甲辰甲寅二十年六白立極爲之六

白運。下元甲子甲戌初二十年七赤立極爲之七赤運甲申甲午二十年八白立極爲之八

白運甲辰甲寅二十年九紫立極爲之九紫運九運既終復爲上元甲子一白運周而復始。

千古不易。後天八卦干支配合方位共成二十四山向。坐山有坐山之用神向首有向首之

用神故坐山向首各有立極之星神立極既定再分陰陽順逆飛佈八方順則數一二三四

五六七八九逆則數九八七六五四三二一如上元一白運立壬丙子午癸丁山向卽以五

黃爲向首立極之星六白爲坐山立極之星故中爲立極爲（五六）如立丙壬午子丁癸山

向卽以六白爲向首立極之星以五黃爲坐山立極之星故中宮立極爲（六五）如立丑未

艮坤寅申山向卽以七赤爲向首立極之星四綠爲坐山立極之星故中宮立極爲（七四）

如立未丑坤艮申寅山向卽以四綠爲向首立極之星七赤爲坐山立極之星故中宮立極

卽爲（四七）。如立甲庚卯酉乙辛山向卽以三碧爲向首立極之星八白爲坐山立極之星。

故中宮立爲（三八）如立庚甲酉卯辛乙山向卽以八白爲向首立極之星三碧爲坐山立

極之星。故中宮立極爲（八三）。如立辰戌巽乾巳亥山向。即以二黑爲向首立極之星九紫

爲坐山立極之星。故中宮立極爲（二九）。如立戌辰乾巽亥巳、山向。即以九紫爲向首立極

之星二黑爲坐山立極之星。故中宮立極爲（九二）。如上元二黑運立壬丙子午癸丁、山向。

即以六白爲向首立極之星。七赤爲坐山立極之星。故中宮立極爲（六七）。如立丙壬、午子、

丁癸山向。即以七赤爲向首立極之星六白爲坐山立極之星。故中宮立極爲（七六）。如立

丑未艮坤、寅申山向。即以八白爲向首立極之星五黃爲坐山立極之星。故中宮立極爲（一

八五）。如立未丑坤艮、申寅、山向。即以五黃爲向首立極之星八白爲坐山立極之星。故中

宮立極爲（五八）。如立甲庚、卯酉乙辛山向。即以四綠爲向首立極之星九紫爲坐山立極

之星。故中宮立極爲（四九）。如立庚甲、西卯辛乙、山向。即以九紫爲向首立極之星四綠爲

坐山立極之星。故中宮立極爲（九四）。如立辰戌巽乾巳亥、山向。即以三碧爲向首立極之

星一白爲坐山立極之星。故中宮立極爲（三二）。如立戌辰、乾巽亥巳、山向。即以一白爲向

首立極之星三碧爲坐山立極之星。故中宮立極爲（二三）。如上元三碧運立壬丙子午癸

丁、山向。即以七赤為向首立極之星八白為坐山立極之星故中宮立極為（七八）如立丙

壬、午子丁癸山向。即以八白為向首立極之星七赤為坐山立極之星故中宮立極為（八

七）如立丑未艮坤、寅申山向。即以九紫為向首立極之星六白為坐山立極之星故中宮

立極為（九六）如立未丑坤艮申寅山向。即以六白為向首立極之星九紫為坐山立極之

星故中宮立極為（六九）如立甲庚卯酉乙辛山向。即以五黃為向首立極之星一白為坐

山立極之星故中宮立極為（五一）如立庚甲酉卯辛乙、山向。即以一白為坐首立極之星

五黃為坐山立極之星故中宮立極為（一五）如立辰戌巽乾巳亥、山向。即以四綠為向首

立極之星二黑為坐山立極之星故中宮立極為（四二）如中元四綠運立壬丙、

黑為向首立極之星四綠為坐山立極之星故中宮立極為（二四）如立戌辰乾巽亥巳、山向。即以二

子午癸丁山向。即以八白為向首立極之星九紫為坐山立極之星故中宮立極為（八九）

如立丙壬午子丁癸、山向。即以九紫為向首立極之星八白為坐山立極之星故中宮立極

為（九八）如立丑未艮坤寅申山向。即以一白為向首立極之星七赤為坐山立極之星故

聰聽堂藏版

中宮立極爲（一七）。如立未丑坤艮申寅山向。即以七赤爲向首極立之星。一白爲坐山立

極之星。故中宮立極爲（七二）。如立甲庚卯酉乙辛山向。即以六白爲向首立極。二黑

爲坐山立極之星。故中宮立極爲（六二）。如立庚甲酉卯辛乙山向。即以二黑爲向首立極

之星六白爲坐山立極之星。故中宮立極爲（五三）。如立辰戌巽乾巳亥山向。即以五黃爲

向首立極之星三碧爲坐山立極之星。故中宮立極爲（三五）中元五黃運立壬

以三碧爲向首立極之星五黃爲坐山立極之星。

丙子午癸丁山向。即以九紫爲向首立極之星一白爲坐山立極之星故中宮立極爲（九

一）。如立丙壬午丁癸山向。即以一白爲向首立極之星九紫爲坐山立極之星故中宮

立極爲（一九）。如立丑未艮坤寅申山向。即以二黑爲向首立極之星八白爲坐

星故中宮立極爲（二八）。如立未丑坤艮申寅山向。即以八白爲向首立極之星二黑爲坐

山立極之星故中宮立極爲（八二）。如立甲庚卯酉乙辛山向。即以七赤爲向首立極一星。

三碧爲坐山立極之星故中宮立極爲（七三）。如立庚甲酉卯辛乙山向。即以三碧爲向首

立極之星。七赤爲坐山立極之星故中宮立極爲（三七）如立辰戌巽乾巳亥山向即以六

白爲向首立極之星四綠爲坐山立極之星故中宮立極爲（六四）如立戌辰乾巽亥巳山

向即以四綠爲向首立極之星六白爲坐山立極之星故中宮立極爲（四六）中元六白運。

立壬丙子午癸丁山向即以一白爲向首立極之星二黑爲坐山立極之星故中宮立極爲

（二二）如立丙壬午子丁癸山向即以二黑爲向首立極之星一白爲坐山立極之星故中

宮立極爲（二二）如立丑未艮坤寅申山向即以三碧爲向首立極之星九紫爲坐山立極

之星故中宮立極爲（三九）如立未丑坤艮申寅山向即以九紫爲向首立極之星以三碧

爲坐山立極之星故中宮立極爲（九三）如立甲庚卯酉乙辛山向即以八白爲向首立極

之星以四綠爲坐山立極之星故中宮立極爲（八四）如立庚甲酉卯辛乙山向即以四綠

爲向首立極之星八白爲坐山立極之星故中宮立極爲極（四八）如立辰戌巽乾巳亥山向。

即以七赤爲向首立極之星五黃爲坐山立極之星故中宮立極爲（七五）爲立戌辰乾巽

亥巳山向即以五黃爲向首立極之星七赤爲坐山立極之星故中宮立極爲（五七）下元

七赤運立壬丙子午癸丁山向即以二黑爲向首立極之星故中宮立極爲坐山立極之星故中宮立極爲(一三)。如立丙壬午子丁癸山向即以三碧爲向首立極之星二黑爲坐山立極之星故中宮立極爲(二二)。如立丑未艮坤寅申山向即以四綠爲向首立極之星一白爲坐山立極之星故中宮立極爲(三二)立極未丑坤艮申寅山向即以一白爲向首立極之星。

四綠爲坐山立極之星故中宮立極爲(一四)如立甲庚卯酉乙辛山向即以九紫爲向首立極之星五黃爲坐山立極之星故中宮立極爲(九五)如立庚甲酉卯辛乙山向即以五向即以八白爲向首立極之星六白爲坐山立極之星故中宮立極爲(八六)如立戌辰巽乾巳亥山向即以六白爲向首立極之星八白爲坐山立極之星故中宮立極爲(六八)下元八白運立壬丙子午癸丁山向即以三碧爲向首立極之星四綠爲坐山立極之星故中

宮立極爲(三四)如立丙壬午子丁癸山向即以四綠爲向首立極之星三碧爲坐山立極之星故中宮立極爲(四三)。如立丑未艮坤寅申山向即以五黃爲向首立極之星二黑爲

坐山立極之星故中宮立極爲（五二）。如立未丑坤艮申寅山向即以二黑爲向首立極之

星。五黃爲坐山立極之星故中宮立極爲（二五）。如立甲庚卯酉乙辛山向即以一白爲向

首立極之星六白爲坐山立極之星故中宮立極爲（一六）。如立庚甲酉卯辛乙山向即以

六白爲向首立極之星一白爲坐山立極之星故中宮立極爲（六一）。如立辰戌巽乾巳亥、

山向即以九紫爲向首立極之星七赤爲坐山立極之星故中宮立極爲（九七）。如立戌辰、

乾巽亥巳山向即以七赤爲向首立極之星九紫爲坐山立極之星故中宮立極爲（七九）。

下元九紫運立壬丙子午癸丁山向即以四綠爲向首立極之星五黃爲坐山立極之星故

中宮立極爲（四五）。如立丙壬午子丁癸山向即以五黃爲向首立極之星四綠爲坐山立

極之星故中宮立極爲（五四）。如立丑未艮坤寅申山向即以六白爲向首立極之星三碧

爲坐山立極之星故中宮立極爲（六三）。如立未丑坤艮申寅山向即以三碧爲向首立極

之星六白爲坐山立極之星故中宮立極爲（三六）。如立甲庚卯酉乙辛山向即以二黑爲

向首立極之星七赤爲坐山立極之星故中宮立極爲（二七）。如立庚甲酉卯辛乙山向即

聽聽堂藏版

以七赤為向首立極之星。二黑為坐山立極之星故中宮立極為（七二）如立辰戌巽乾巳

亥山向即以一白為向首立極之星八白為坐山立極之星故中宮立極為（一八）如立戌

辰、乾巽亥巳、山向即以八白為向首立極之星一白為坐山立極之星故中宮立極為（八

一）以上三元九運二十四山向中宮立極既已完全說明而八方九星會合自可瞭然矣。

●陰陽順逆分配法

中宮立極前已說明其陰陽分配不可不解八卦每卦分為為天、地、人、三元子、午、卯、酉屬陰乾、

巽艮坤屬陽為天元辰戌丑未屬陰甲、庚、壬、丙屬陽為地元寅申巳亥屬陽乙辛丁癸屬陰。

為人元。如運盤之一飛到本山本向立天元山向即以子來配所立山向子屬陰逆飛即一、

九八七六五四三二一是也如立地元山向即以壬來配所立山向壬屬陽順飛即一二三、

四五六七八九是也如以人元山向即以癸來配所立山向癸屬陰逆飛即一九八七六五

四三二一是也此外為九七三、與一均屬四正卦其陰陽順逆與坎一分配法相同茲不贅

述。又如運盤之二飛到本山本向立天元山向以即坤來配所立山向坤屬陽順飛即二三、

四、五、六、七、八、九、一、是也。如立地元山向即以未來配所立山向未屬陰逆飛即二一、九、八、七、

六、五、四、三、是也。如立人元山向即以申來配所立山向申屬陽順飛即二三、四、五、六、七、八、九、

一、是也。此外如四、六、八、與二均屬四隅卦其陰陽順逆與坤二分配法相同故地盤所立山

向之陰陽不分順逆全以運盤為主運盤之某數飛到山上向上即以運盤卦之干支來配

所立之山向天元配天元地元配地元人元配人元絲毫不爽也。

● 飛星試用法

凡每運開山立向配合山水用神必先查本年本月某山通利某山有凶神加臨然後擇定

山向再合八方形勢以羅金格對某方山吉某方山凶某方水吉某方水凶合則立穴不合

則另尋他處移步換形不能稍忽其一切吉凶均以大玄空飛星與山水配成一卦清純為

主經云山管山水管水的是至理其他用神茲姑不論今先將飛星試用法詳述於左俾學

者得循序而進方免躐等之弊如上元一白運立壬山丙向則先排上元一白在中

宮。二黑在乾宮三碧在兌宮四綠在艮宮五黃在離宮六白在坎宮七赤在坤宮八白在震

宮九紫在巽宮運盤既已排定然後取離宮五黃坎宮六白入中宮極立先排向盤後排山盤向首丙輪值五黃飛到本宮五黃隨陰隨陽取戌來配丙戌屬陽順飛九宮即六到乾七到兌八到艮九到離一到坎二到坤三到震四到巽向盤用神飛安再將山盤之六入中宮飛即以六白入中宮五黃到乾四綠到兌三碧到艮二黑到離一白到坎九紫到坤八白到震七赤到巽山向盤飛星均已飛妥然後吉凶可定方知中宮立極仍爲五六乾宮交會爲六五兌宮交會爲七四艮宮交會爲八三離宮交會爲九二坎宮交會爲一一坤宮交會爲二九震宮交會爲三八巽宮交會爲四七如立子山午向或癸山丁向則中宮立極仍爲五六而乾宮交會則爲四七兌宮交會則爲三八艮宮交會則爲二九離宮交會則爲一一坎宮交會則爲九二坤宮交會則爲八三震宮交會則爲七四巽宮交會則爲六五茲舉一白運之壬山丙向及子山午向癸山丁向爲例則三元九運之二十四各山向飛星均可舉一反三而瞭然矣至九星用神之吉凶須隨元運分衰旺生死定之其法詳列於後

六屬乾爲戌乾亥立壬山丙向壬屬地元乾宮之戌亦屬地元即以戌來配壬山戌屬陰逆

●九星衰旺生死辨

三元九運，每運之九星，各有分衰旺生死。經云：當元者爲旺，將來者爲生，已過者爲衰，過久者爲死。如上元一白運，則以一白爲旺，二黑爲生，九紫爲衰，七赤六白五黃爲死，八白屬輔星尙吉，三碧四綠亦爲衰氣。二黑運，則以二黑爲旺，三碧爲生，一白九紫爲衰，八白七赤六白五黃亦爲死，四綠亦爲衰氣。三碧運，則以三碧爲旺，四綠爲生，一白二黑爲衰，九紫八白七赤爲死，五黃亦爲衰氣。中元四綠運，則以四綠爲旺，五黃爲生，一白二黑三碧爲衰，七赤八白九紫爲死，六白雖爲衰氣，尙屬可用。五黃運，則以五黃爲旺，六白爲生，四綠三碧爲衰，九紫一白二黑爲死，八白七赤亦爲衰氣。六白運，則以六白爲旺，七赤爲生，五黃四綠爲衰，九紫一白二黑三碧爲死，八白亦爲衰氣。七赤運，則以七赤爲旺，八白爲生，六白五黃爲衰，一白二黑三碧四綠爲死，九紫亦爲衰氣。八白運，則以八白爲旺，九紫爲生，七赤六白爲衰，三碧四綠五黃爲死，一白亦爲衰氣。九紫運，則以九紫爲旺，一白爲生，六白七赤八白爲衰，三碧四綠五黃爲死，二黑亦爲衰氣，取其生旺，避其衰死。一

聽聽堂藏版

●九星吉凶統論

九星之中一白六白八白為上吉四綠、九紫為次吉二黑、五黃、七赤、為最凶三碧亦為凶神。

當上元甲子運。取八白輔星為補救當中元下元甲子運。取一白貪狼為補救經云天元取輔人地兼貪是也。

一白為貪狼魁首文章之星用於旺運出神童早登科第屬坎卦為水為中男為腎經為龍為豬用之不妥男主遺精女主白帶腰痛血崩並出耳聾。

二黑為巨門病符之星用於旺運主發丁財不產文士異途擢用屬坤卦坤為土為母為腹。為車為牛為兔用之不妥耗田宅出寡居孕婦墮胎蠱脹。

三碧是綠存好勇鬥狠之星用於旺運與家立業富貴功名屬震卦震為木為長男為雷為龍為猴為肝用之不妥殘足涉訟官刑尅妻。

四綠是文曲之星用於旺運發科甲旺丁財屬巽卦巽為木為風為長女為高為長為雞。

為膽為多白眼用之不妥生蕩子風狂作賊自縊田宅退盡。

五黃是廉貞為戊己大煞又為孤獨之星用於旺運尚有災患戊屬脾已屬胃用之不妥。

出鰥、損丁瘡毒外症連綿不止癲牛馬六畜生黃病浮腫

六白是武曲司威權之星用於旺運文武全才出巨富屬乾金乾為父為首為玉為圓為

太陽為馬用之不妥尅煞刑妻孤獨

七赤是破軍蕭殺劍鋒之星用於旺運發財旺丁弗出高官屬兌金兌為口為少女為肺。

為蛇為羊用之不妥口舌官非出盜賊生癆怯

八白是左輔小口之星職司財帛用於旺運攀龍附鳳屬艮卦艮為士為少男為手為胃。

為豬為狗為鼠為虎用之不妥捐傷小口翻食蠱脹退財。

九紫是右弼後天火星用於旺運富貴易與屬離卦離為火為中女為日為電為目為心。

為小腸為豬用之不妥吐血目瞎乾血應驗如神不稍假借也。

⊙正神零神辨

三元九運。每運各有正神、零神。隨時變遷其中用法間或有不同茲分別詳解之即可瞭然

矣正神者即當元之旺星零神者即當元之死氣有在此運為正神至某運即變為零神者。

有在此運為零神至某運即變為正神者全在作者神而明之經云父子雖親不肯說若人

得遇是前緣乃極言其妙深奧不肯輕露於人之意鄙人願將業師所授研究所得盡數公

開聊以濟當世好學者之一助耳如上元一白運二十年即以一白為正神以九紫為零神

二黑運即以二黑為正神以八白為零神三碧運即以三碧為正神以七赤為零神中元四

綠運即以四綠為正神以六白為零神五黃運即以五黃為正神以四綠為零神下元七赤運

即以七赤為正神以三碧為零神八白運即以八白為正神以二黑為零神九紫運即以九

紫為正神以一白為零神。

一說或以再較遠者為零神）亦可六白運即以六白為正神以四綠為零神（另

即以七赤為正神以三碧為零神八白運即以八白為正神以二黑為零神九紫運即以九

（解）三元九運之正神零神既已說明然其用法仍不可拘執須憑作者隨時變通特再

分別詳註之○如一白運之九紫雖屬零神而為時尚近猶可暫用○二黑運之八白雖

五八

為零神而八白為上元輔星經云天元取輔是也故亦應補救借用○三碧運之七赤。三

屬木七屬金金來尅木確為零神萬不可用○四綠運之六白雖為零神而四、五、六已屬

三般一卦自應補救借用雖屬零神無妨也○五黃運之二黑八白黃土重重自當作為

零神推算且為時已遠毫無裨益○六白運之四綠雖屬零神而尚屬三般其凶較尚

可不論○七赤運之三碧已屬死氣萬不可用○八白運之二黑雖為零神較之七赤運

之三碧其凶稍減○九紫運之一白名為零神實則為本運之生氣不能與其他各運之

零神同日而語若拘泥為零神而舍之則為禍百端家道絕減不卜可知矣竊考前清咸

豐時代正值下元九紫運為三六一百八十年將盡之際如一白用神得令者交同治三

年上元甲子其家人丁大發如一白用神不當者必人丁滅絕家道蕭條鄙人屢試屢驗

無不皆然於此可見其驗矣茲再列表於左

（一）

（横推
直看）

	一	二	三	四	五	六	七	八	九
旺	生	衰	死	死	吉	死	吉	零	

聰聽堂藏版

(二) 衰 旺 生 衰 死 吉 死 零 衰

(三) 衰 衰 旺 生 衰 吉 零 吉 死

(四) 吉 衰 衰 旺 生 衰 死 吉 死

(五) 吉 死 衰 衰 旺 生 衰 吉 死

(六) 吉 死 死 零 衰 衰 旺 生 衰

(七) 吉 死 零 衰 衰 旺 生 衰

(八) 吉 零 死 死 衰 衰 旺 生

(九) 生 衰 死 死 吉 死 吉 旺

●論兼向

凡陰陽宅建立山向本以單向不兼爲最好惟八方山水用神每難清純於是以兼取之法。

聊作補救故有陰兼陽陽兼陰支兼干干兼支之名世俗不察其所以然僞造種種假法謂

某干不能兼某支某支不能兼某干。

陽不能兼陰陰不能兼陽此卦不能兼他卦他卦不能

兼此卦限以一定之板法因之令人如入五里霧中更不知天心為何物抑不知兼向之初

意實係補救山水用神之法本無此彊彼界之分不論干兼支兼陰兼陽兼出卦不出卦總

使八方用神能處處合宜方可立穴如此乃為大玄空天心真秘訣惟兼取之法按天心秘

訣亦有一定不能多兼不能妄兼其中奧竅間不容髮非筆墨所能道破在人會意之本諸

天心即可豁然故有兼取某干即為吉兼取某支即為凶有兼取本卦即為凶兼取他卦反

為吉者有多兼則為凶少兼則為吉者有少兼則為凶多見則反吉者世俗不察玄空深意

謬言兼取或謂空亡絕向實則按玄空深理豈有此說在人隨地佈置以乘生氣直達補救

庶有裨益經云地卦出而天卦不出此即兼取之奧竅故有某運立某山兼出他卦即為地

卦出而天卦不出有某運照此同樣山向兼出他卦而即謂天卦亦出者有某運祇有某卦

兼某卦乃為天卦出而地卦不出某卦兼某卦即為地卦出而天卦亦出者是為真出其中

實有深意萬不可用明乎天心橐鑰則真訣得矣。

●論移步換形

立山向之最要者首推移步換形明乎山水配合之法此竅即破細看八方來去水口來龍
入首某卦在某干某卦在某支在天元者當立天元山向在地元者當立地元山向在人元
者當立人元山向八方配合純一乃能清純無弊否則顛倒錯亂吉凶不全凶禍雜至如立
子午、卯酉、乾坤、艮巽、山向者即為天元八方來龍水口概當配在天元字上不能偏左不能
偏右偏左則為人元偏右則為地元經云用無體不驗體無用不靈必須體用兩全乃為全
美其配合之法毫厘千里最為重要左右不當則移前移後以配之前後不當則偏左偏右
以定之若為向首不當而伸前之則坐山勢必偏斜左右必為之更換若因坐山不當而縮
後之或偏左偏右之則向首未必得當左右亦未必盡善能明移步換形之奧則點穴之法
得矣平洋如此山龍亦然故有某墓當發數十百萬金而僅發三數千金者某墓當得富貴
功名而僅小康者皆墓宅八方山水用神未能配合清純之弊也試覆二三舊墳舊宅可以
知之矣故立穴時最當注意焉。

●論命宮尅制

論命宮之法。歷來未有人道破亦未有人得其秘奧即素來研究玄空者亦類皆糢然不知。

星相家徒以東西命板法論吉凶安見其有驗者實則豈徒以東西為定當以卦爻五行論

生尅自可應驗此法惟無心道人章氏曾論及之陰陽宅配合九宮飛星每宮有山向盤交

會之九星各有五行各有生旺衰死之時。如在生旺、時受尅無見形見氣則雖尅尚屬無妨。

如在衰弱時最受旺星尅制若最見形見氣則命宮受尅凶禍立見矣如命宮為坎一屬水。

受二、五、八、土來尅制命宮為坤二屬土受三、四、木來尅制命宮為震三、巽四、屬木受七、六、金

來尅制令宮為離九屬火受坎一水來尅制命宮為兌七、乾六、屬金受離火來尅制之類是

也經云山管人丁向主財祿故論命宮生尅當以山盤九星為主若本人命宮已經受尅再

值年、月紫白重重尅入則死亡立見矣至命宮推算法已載前年紫白圖解閱者注意某運

某山向某命宮受尅某年月最凶須隨時證明天資稍魯者除非面授恐難明瞭有心人其

可知之矣。

● 論水法

氣以水聚。龍以水界。故平洋以水爲龍之玄屈曲則有情環抱蓄儲則有情反弓直射則無

情看水之法古人講之甚詳括而言之不出有情與無情而己若世俗所用者有謂水須歸

庫又有謂左水到堂右水到堂黃泉八煞等種種謬解按之大玄空用水之法則與此絕然

不同。三吉、五吉兼貪兼輔、及生旺之氣。在向盤者不論向首、坐山八卦九宮均爲旺神在凶

神零神衰死之地者不論何方均爲凶神普通以在穴目光所見者爲用神或以明堂三义、

城門、來、去口爲用神在高原之區則以稍低處爲用神靜潭溝池爲用神動水則兼顧在數

里之外靜水則以在穴最近者爲用神其最要關鍵流水以出口進口處爲重前後左右經

過者則以面積最廣處爲重其餘小水不見者可置不論。

●論山法

開面起頂山龍之結穴也回龍顧祖山龍之有情也至於分五行定向背辦起伏種種要法。

故人論之已詳茲不贅述今姑以其用神論之綿亘數十里節節起峯者山龍也橫臥前後

左右者。山龍也均當以山上生旺之氣乘之城牆、高樓浮屠廟宇橋梁房屋土阜者亦山也。

亦當以山上生旺之氣乘之與向則無涉在低窪之區有以稍高者爲山來龍入首者爲山。

亦當以山上生旺之氣乘之惟不若山龍之旺其力雖衰其凶仍烈在我隨地分別用之可也。

●論中宮

定中宮一法諸家雜出有其說近似者有大相逕庭者考其所以均未能得其奧兹按大

玄空天心橐籥則與諸家又所不同普通家之論法如住宅三進即以中進爲中宮四進者。

即以第二第三進爲中宮五進者即以第三進爲中宮此說較爲近似實則仍爲板法究未

得其真訣鄙意則兼籌並顧須以住房爲主如三進住宅前後均有住房第二進修造固作

中宮論若後進並無住房第二進修造仍可作爲北方論如前進無住房第二進修造仍可

作爲南方論四進五進與此類推又如三間住宅中間建造住房在東間或西間者當作東

西論是年東西不通則不能動作如二進三進住宅在中宮空地修造住房在東間西間者

當以中宮及東西並論。

●論隨間論間

中宮一法既已說明間次之吉凶不可不辨俗師不察天心徒以東間爲震西間爲兌南爲離北爲坎西北爲乾東南爲巽西南爲坤東北爲艮之板法論吉凶宛若癡人說夢故有一運開坎門二運開坤門三運開震門四運開巽間五運開辰戌丑未門六運開乾門七運開兌門八運開艮門九運開離門之謬說實則天心之一二三四五六七八九非後天之久居本位隨時變易無有定位須看在在之一、二、三、四、五、六、七、八、九方爲眞天心眞旺星能明此在在之天心則玄空之眞秘訣得矣開門之法得矣隨間論間之法亦得矣凡陰陽宅之建造於某運者其立空天心在此時已定宛若人之生命無論何時非經改造不能變遷故一宅之吉凶槪以本宅之天心論其生旺衰死判其吉凶禍福在某間即以某間之東爲東間之西爲西某間之南爲南某間之北爲北不論樓上樓下三層四層東間西間南間北間。均以所住之一間定其東、西、南、北以所住之一間即爲中宮在住房即以住房爲一間在灶間即以灶間爲一間在客廳即以客廳爲一間不以全宅論方位此爲眞天心眞橐鑰

● 論住房

吾人立身於世日出而作日入而息晝夜二十四小時。居住房者半離宅者半。故住房之關係人生較大門為重。大門則關係一宅之吉凶住房則關係本人之禍福添丁發育一係於此。故有某命住某房者即主發育某命住某房者即不育其中秘奧無非大玄空天心生旺所主又有住某間床位在某方房門在某宮即主發育者床位在某方房門在某宮即不育者其中秘奧非得真傳不能探其顛末。如房門原在某方以床位遷移則房門亦隨之而變易在某宮矣門隨床以遷移床以門為氣口俗師不識玄空誤以房門定山向。或以東西四命及八宅論短長南轅此轍可發一笑其法當與隨間論間並用他如店鋪之安置帳櫃等。等亦同此論作者一以貫之。

● 論灶座

灶為吾人炊爨飲食之處香火所係聖人列祭灶於五祀之一良有以也。世俗均以灶神座位為方向實則灶座之吉凶全係乎大玄空九星五行取其生旺避其衰死一宗隨間論間

之法。再配以中饋命之五行。與天心兩兩相對生旺則吉尅制則凶自然之理也又必須以

火門為主。如火門向天心煞氣五主腹疾九主目疾火災。七主小口不利餘仿此推近灶處

內門內路亦為重要切忌冲破。故陽宅之最要者厥惟大門、房門、灶門三者妥善則丁口安

寧。可操左券世人不察天心真訣雜以種種謬說因之後人以誤傳誤真偽莫辨可深浩歎。

● 論添丁

經云山管人丁水主財祿。故斷人丁之興替須看坐山之興旺如坐山尅制則丁口衰弱又

如所謂上山下水丁衰財薄是也如坐山龍身不偏不倚落脈正確兼有山上生旺之氣到

山合宅生命又合生旺則人丁與旺不卜可知矣再如傍六宮有生旺之氣囬環有情幷有

天心生旺之氣值太歲到宮亦主添丁此陰宅之訣竅也他如陽宅之興替亦以大玄空九

星為主須看堂局龍身大門、房門處處配合妥善則家道興旺添丁連綿反之則否舍隨時

變易之陰陽以判吉凶為研究易理者所亦取也。

● 論分房

分房之法。其說不一。普通者大都依形勢論短長或以干支論榮枯其法雖各有應驗辨正

左邊水反長房絕。右邊水反射小兒亡中面水反中男當此說以表面觀之似重巒頭實則內

中兼含理氣。惟巒頭之反弓直射一望而知理氣之向背則非研究天心者不能窺探其顯

末鄙意則雙方並用以巒頭爲表理氣爲裏體無用不靈用無體不驗最配以各人命宮花

甲某房命宮生旺兼有生旺之氣則其房必發某房命宮尅制兼有衰敗之氣則某房必敗。

巒頭之左反右反猶其次也語云墳多必發門多必敗表面言之似與分房無涉實則大有

深意存焉凡立一山向勢不能房房吉利命宮難免不有受尅卽以流年論亦不能年年得

利如若人口本來不多房數亦不多卽須擇定最旺最利之一山向俾本命命宮生旺足

矣如若人口本來繁多房數本來夾雜則立向最難欲求房房得利勢必取坟多之法坟多

者卽東西山向爲一坟南北山山向又爲一坟東南西北山向又爲一坟與合宅坟孟仲季各房

命宮房房配合某山旺孟房某山旺仲房某山旺季房某年某山利某年某墓旺如此則年

年得利。房房興旺所謂中庸之道是也故世俗往往有高曾祖父母各墳合立一山會葬一

處者。其當旺時。則吉不可言失令時。勢必一敗塗地。明乎天必分房之法。則諸吉可趨諸凶可避矣。

● 論神位

祭如在祭神如神在古聖嘗言之故宗祠之興替關係一族神廟之吉凶關係一方猶州縣署之關係地方國都之關係國治是也其安置之法不外乘生氣收旺星推其所置之方以隨時變易之天心看門戶路徑之沖動與否吉凶則助吉凶則助凶有神位在此方門走彼方即吉門在那方即凶者改其門而用之可也萬不得已則遷其神位以趨之亦可也是故有某族宗祠發丁數萬與數十萬者有富貴功名者有某族宗祠僅發數千丁或數萬丁者皆神位安置吉凶之所繫也其大玄空用法當與州縣署國都同論某非好迷信者特舉神位。以備好學者之研究耳還乞教之為幸。

● 論舊宅改造

地局之興旺隨元運以變更某運旺某局本有一定不能勉强不得已而變通用之應時制

宜之法非素得玄空真奧者不能道也。故有某地某運立某山某向當時則發失運即敗者。

欲挽救之必用改造一法。如在上元所立至中元改造之或中元所立至下元改造之下元

所立至上元改造之在前運建立至本運改造之法往往有不改山向單改屋宇及

墓頂者。其山向雖似未動其天心元運已爲之變換其中確有至理世人不察誤爲術士僞

造非也。又有前運玄空不合在本運爲合者改造之可也更換其山向亦可也至於陽宅則

更換其門向擇吉上樑亦可也不以大玄空爲根本則遺誤非淺不可不慎。

● 論神煞趨避

神煞一物爲陰陽兩宅最惡之凶神犯之則其禍立見考其所以不過尅制太歲之對面者。

卽爲神煞以金、木、水、火五行爲主惟土局則缺然是否以土爲本位不論生尅押土屬四隅

無有正位故辰土附入水局戌土附入火局丑土附入金局未土附入木局乎所謂煞者鄙

意以爲實非確有其神確有其物乃天地五行自然之氣耳或卽土地之煞氣耳曆考士書

所載向未有人道破幷未有人研究其所以近今文化日進教育家屬爲迷信科學家不追

窮其所以高唱關除鄙人亦極欲研究其所以恨無其他書籍堪以考正願世之提倡古學

者從事窮究此煞氣究為何物是否有其他方法可以去之能如是則凶禍可避所謂迷信

之說亦可漸次進行而關除矣至於卦爻之生尅一宗易理先後天五行屢試屢應似無所

謂迷信混雜其間與其他星相術當然不同再考煞氣與人之靈氣又似有密切關係如陽

宅內原有人居住者是年方位不通而動之則凶禍立見如宅內無人居住則幷無所謂神

煞動作概可不論再如陰宅之神煞方位離墓在人百步之外者則雖在煞方亦可不論動

之並無見凶由此觀之則煞氣與人之靈氣確有密切關係可無疑義實非煞也乃人之靈

也世之好學者能於此點著想所謂關除神煞之道庶有澈底之一日鄙意如此聊以質之

研究靈學及神學者。

●論金墩高低

金墩者卽墓宅之封頂是也其高低大小各地不同實則不能勉強湏隨地局及龍身厚薄

定之如龍身寬大則金墩宜高氣脉薄嫩則金墩宜低平洋水光不見者宜高水光四照者

宜低。此與地局之關係也。此外如玄空五行。亦最有關係。如中宮立極尅制金墩再見高大。

則煞氣得勢必主凶兆。若旺氣到宮則高大爲上。此其道也。

● 論墓宅樹木

樹木之高大者能招遠水並能收氣擋風。至於陽宅宜種某樹陰宅宜種某樹普通家大都

言之茲不贅述。惟山林之地綿亘數里陰濃密佈。如在墓宅眺望氣脈有連帶關係者此地

與本墓宅亦有利用。因其能招遠水收龍氣。故當作水氣論。在生旺方主吉。在衰死方主凶。

惟不若水力之大耳。

● 論生氣借用法

大玄空本諸八卦五行。隨時變易無有定位。所謂有時陽有時陰顛倒順逆輪是也。明乎

顛之倒之之理昔人比爲陸地仙。所謂陸地仙者乃玄妙透澈無法不知之意。九星各有五

行各有用神。本當取其山水有形之體來作玄空無形之體相爲表裏。如此則其兆自應有

氣無形則雖有至吉之氣不足爲用也。於是借用之法尙矣。此法爲用者甚爲寥寥。惟前清

無心道人間有用之。然以陽宅用之爲最應陰宅則否。如木爲生氣則植花卉樹木以借之。水爲生氣則蓄水以借之。火爲生氣則設爐灶以借之之類是也。其力雖微其效甚廣、樂而行之可也。

談氏三元地理大玄空路透卷一終

談氏三元地理大玄空路透卷二

三元奇術研究社主任武進浩然談養吾著

● 三元立宅安墳列成

大玄空飛星各用神以及開山立向、修造雖巳分別詳解然其法奧竅究非其他小技易於入門。鄙人抱濟世之心腸以公開為宗旨願好學者悉心研究庶可使祖宗先靈得以安妥。吾人居處之宅可告平安於人生要素庶乎近焉茲將三元九運大玄空飛星陰陽兩宅用神細列於後。

● 上元一運壬山丙向圖解

（陰宅）本山向一白令星均到坎宮向首為（九二）九為巳過之衰氣二為將來之生氣故向首宜有山不宜見水坤宮為（二九）宜有大水三叉主發財祿坐山為（一一）為當運之旺氣有山有水均能召吉震宮為（三八）宜有小水巽宮兌宮乾宮均為死氣切忌見形如

七四
七
三九　二
二八　三

五二
九二
二一七　向
二四　山　六
八三

九六
五六
二一
八五
八八　五
四一

上大都均有風洞。並主樹木栽種不成卽立極金木相剋之
關係也上元庚午已卯戊子生人均主不利流年遇酉戌亥、
子、丑寅年大吉並主添丁卯辰已午年平平未申年凶。

（陽宅）宅外用神與陰宅同內門房門、灶門均須開艮離二
宮爲吉次則乾坎二宮亦可如在坤宮者必出淫邪在震宮
則膨脹腹疾不免並主孕婦受災。

（造葬）山龍屬土取辰戌丑未土局爲旺寅午戌火局爲生寅午戌、
月爲向煞亥卯未已酉丑年大通惟丑年爲坐太歲未年爲七煞不利壬申辛已庚寅等年
爲年五黃均不通。

●上元一運艮山坤向圖解（寅申同）

（陰宅）本山向一白令星會合向首有山有水均吉坐山爲四七宜靜不宜動如有來龍高
山必主淫邪並犯刀兵坎宮有水交二黑蓮旺財離巽二宮有山有水均無妨兌宮有水乾

七	三	二
一	六五	五六

五	一	七向
八三	四山	六二
		九二

九	八	四
三八	二九	七
六九		

● 上元一運甲山庚向圖解

（陰宅）本山向一白令星會合坐山本宮宜有來龍高峯及水口向首五六爲本運之死氣。切忌見形乾卦爲四七如有探頭砂及橋洞者主生賊丐坎卦有八三爲天元之輔星有水則吉艮宮爲六五小水亦無妨能靜最佳巽宮二黑生氣有來水明堂主發財祿惟不出文士離宮七四宜靜不宜動坤宮九二有來龍高峯爲吉流年遇卯年大利子辰巳未申年次

亥卯未年月爲向煞寅年爲太歲申年爲七赤二黑入中宮爲五黃均屬不通山五行屬木取木局爲旺水局爲生扶巳酉丑年月爲坐煞。

（造葬）本山向造葬年月合格與丑未同立寅山申向則本巽震四宮爲吉若在艮宮則陰人滿地成羣紅粉塲中快樂。

（陽宅）宅外山水用神與陰宅同內門房門灶門宜開坤離。

宮有山定主瘟黃如有四綠命宮者必主夭折流年以卯辰巳午未申年爲旺此外平平丑寅年最凶。

宮為年五黃不利。

● 上元一運卯山酉向圖解（乙辛同）

九 九二	五 四七	七 二九
八 一	八山 一 三向	三 六五
四 五六	六 三八	二 四

吉。此外不利生肖配合法全上。

（陽宅）宅外山水用神與陰宅同內門、房門、灶門、最吉宜開

震方巽方次則坎宮此外均為不合。

（造葬）本山向五行屬木造葬年月取亥卯未木局為旺。亥卯未木局為旺申

子辰水局為生扶或寅卯辰東方一氣。亥卯未年月為向煞。

己酉丑、卯年為夾太歲流年遇七赤入中

（陰宅）本山向一白令星會合向首有水有山均吉坐山為五六。均為本運之死氣宜稍靜

為佳正龍身能在艮卦者最吉坎卦破軍飛臨宜靜不宜動來水城門。在乾宮者至二黑運

當旺坤巽宮均非吉神宜靜。離宮輔星可主悠久有水為吉流年遇酉年大吉戌、亥、丑、寅、午、

年次吉子辰巳未申、年不利。酉戌亥、丑寅年必主添丁。

七　　六
　　　五
三　一　二
三　二　九

五　　八
　　　三
一　三向
八山　六
　　四七

九　四
　　七
八　　五
　　　六
八　　四
二　　九

● 上元一運辰山戌向圖解

（陽宅）宅外山水用神與陰宅同。內門、房門、灶門。開兌乾二宮最利。次則艮卦離卦。此外均為不合。若在坎宮者必損小口。並多官非淫婦蕩子有所不免。

（造葬）本山五行屬木合局與甲庚同。卯年為坐太歲酉年為七煞。均為不利寅午戌申子辰年大通遇七赤入中宮為年五黃均忌動作。

（陰宅）本山向一白令星會合向首有山有水均能發福坐山為三八有來龍高山丁口必旺且能悠久坎震坤離衰氣死氣以靜為貴動則招殃本山向二黑生氣入中向首旺氣兼有連盤之二故水法愈大發福愈久並可補二運之生氣次則艮宮輔星應取水口兌宮當取山龍為妥戌亥年大發辰巳年可卜添丁丑寅酉年平安此外欠寧流年與合宅生入用法與前同論。

聽飛堂藏版

七六五 　三九二 　三二一

五四七 　一二向 　九山六五

九三八 　八七四 　四三八

●上元一運巽山乾向圖解（巳亥同）

（陰宅）本山向一白令星會合坐山有山有水則吉向首有來龍主旺人丁坤宮水亮主旺

財坎離艮兌宜靜震宮有山為是添丁之年必在卯、辰、巳、未、申、戌、亥、數年此外雖添不合流

年亦以是年為利其九星之生尅與辰戌略同在人比較用之可也。

（陽宅）宅外山水用神與陰宅同內門、房門、灶門、宜開巽乾坤三宮為吉震宮亦無妨此外

均不合若在坎宮者定主淫邪口舌損傷小口艮宮者腹疾臟脹。

（陽宅）宅外山水用神與陰宅同內門、房門、灶門開在乾艮

巽宮最利在離宮者家道顯沛丁財兼損或出缺唇人。

（造葬）本山五行屬土取辰戌丑未為旺申子辰水為財局。

火局為生扶均吉申子辰寅午戌年通利惟辰年為太歲戌

年為七煞流年遇六白入中宮為五黃不通。

七	三	五
三八	四	五六
三七	二	一二向
二	八三	一九山

九	一	六
一	八	二七
八二	九	四
四	六五	

● 上元一運丙山壬向圖解

（陰宅）本山向一白令星會合向首並有運盤六白合成一六聯珠。有水有山均吉坐山如空主吉坐實則不吉艮宮有水爲三般卦之一爲稍遠之生氣合成三八爲朋震宮有水有山均吉坤宮取山爲宜此外傍卦均宜取靜如有甲子癸酉生人定可超出尋常流年以子、丑寅卯午年最吉並主添丁。

（陽宅）宅外山水用神與陰宅同內門房門灶門宜在坎、離艮震爲吉在乾宮者主出黃病。

（造葬）本山五行屬木取亥卯未木局爲旺申子辰水局爲輔。如立巳山亥向則本山五行屬火取火局爲旺木局爲輔。申子辰年月爲坐煞寅午戌年月爲向煞巳年爲太歲亥年爲七煞均不通遇六白入中宮爲年月五黃不利。

七九
二
三四
七
二六
五

五九
二
一六　向
山
六
九
四七
八三
四
八三
八

在巽宮者主傷小口並礙小房在乾宮者孕婦不利。

（造葬）本山五行屬火取火局為旺木局為生輔均吉申子、辰年、月為隔煞寅午戌年、月為向煞流年遇一白入中為五黃均忌動作。

●上元一運午山子向圖解（丁癸同）

（陰宅）本山向一白令星會合坐山宜有來龍水口主發丁財向首有大水最吉坤兌兩宮。一為將來之生氣一為天元之輔星有山有水均吉艮宮有來龍交二黑運主旺人丁惟不產文士異途擢用水口在乾宮者小口難招有回缺之狀主有歪嘴玄空云兌缺陷而唇亡齒寒是也震宮有探頭砂主生小竊添丁以子午未申酉年最旺丑寅年亦利戌亥年難招。此外年份均不利流年之吉利與添丁年同論。

七三　　三八　　二四七
　八　　　　　　　二

五一一　　一六向　　一五山　六二
　　　　　　　　　　　　　　　九

九六五　　一六　　八四七　　四二九

●上元一運未山丑向圖解

（陰宅）本山向一白令星會合向首兼有運盤四綠交會於此有秀水峻嶺定出神童坐山

七四金木相尅主人丁衰弱在平洋立穴尚可平安若在山地立穴則人丁絕滅異姓螟蛉。

可無疑矣兌宮乾宮如有大水來朝則上元六十年大運富積千倉可預卜也坎宮輔星當

取水朝震巽宮宜靜離宮有山無妨有水則九紫衰氣如在三般之內則無妨如命宮為一

白者可出科第流年遇酉戌亥子丑寅年最利並主添丁最凶者未申二年損丁難免。

（陽宅）宅外堂局山水與陰宅同內門、房門宜在離、坎、坤、兌

為吉。灶門亦向離坎為利。在震乾宮者尤凶玄空云雷風因

金死定被刀兵。命宮有四綠者夭折不免。

（造葬）本山五行屬火合局與丙壬同論午年為太歲子年

為七煞遇一白入中宮為年月五黃如在以上各凶方動土

其凶不可勝言作者慎之

一䭾聽堂藏版

七
四七
三九　二八
九八三

五
二九
一七　四向山六八三

九
六五
八五六
四二一

● 上元一運坤山艮向圖解（申寅同）

（陽宅）宅外用神堂局與陰宅同房門、內門、灶門開艮宮者
最利兌、乾坎宮亦吉坤巽震最凶若在坤宮者小口難招口
舌官非相繼而至。

（造葬）本山五行屬土取土局為旺火局為生扶未年為太
歲丑年為七煞寅午戌年月為向煞申子辰年月為坐煞均
不利流年遇八白入中宮為五黃。

（陰宅）本山向一白令星會合坐山有山有水均吉向首例取水朝惟本山向切忌見水如
有水口破財立至最好一片平洋方可無害震宮巽宮能有大水來朝交甲申甲辰、四十年
大旺離宮八白輔星有水則發福悠久。兌、乾宮宜靜命宮遇四綠者必難招流年遇卯、辰、巳、
午、未、申年最吉並主添丁此外平平丑未年最凶

（陽宅）宅外堂局山水與陰宅同房門、內門、灶門開在震巽、離坤、宮者最吉如在艮卦則其

七一
八
　三二
五六　二六
　五

凶立至矣不但損小口且主家道顛沛醜聲四佈。

（造葬）本山五行屬土合局與未丑同立申山寅向則本山五行屬金取金局爲旺土局爲生扶寅年爲七煞申年爲太歲年月三方五黃與未丑同論。

五八三
八
一四向
七山六
二九

九三八
八二
九四七
四

●上元一運庚山甲向圖解

（陰宅）本山向一白令星會合向首並有運盤八白會合有山有水主出文臣秀士坐山切忌高山有水來無妨坤宮有水來坎宮有進出口則發福悠久可成富翁離宮忌山乾宮忌水有則凶禍橫生官非口舌並損幼房艮宮亦宜靜而不動如有辛卯生人貴比王謝添丁以卯年爲最旺次則未申子辰巳年流年亦然。

（陽宅）宅外堂局山水與陰宅同內門房門灶門開震卦者連生貴子次則坤坎二宮在乾、

七二　三六　二
　九　　　　　四
　　三五　　　七

五四
　七　　一八向
　　三山　六
　　　　八三

九九
二
八一
四
　六五

● 上元一運酉山卯向圖解（辛乙同）

離艮宮者主損小口並多肺病。

（造葬）本山五行屬金取金局爲旺土局爲生扶亥、卯、未年月爲坐夾煞巳、酉、丑年月爲向煞流年遇三碧入中宮爲五黃均忌動作.

（陰宅）本山向一白令星會合坐山有山有水均吉向首爲六五交會有小水主吉艮離二宮有來水聚水可主旺財巽宮有水幼房不利並損小口女丁欠寧坤坎宮宜靜坐山如龍身脈厚可主旺丁亦以酉年添者爲最多成亥丑寅午年亦主添丁流年亦以是數年最利。

（陽宅）宅外山水堂局用神與陰宅同內門房門灶門開在兌卦者最利次則離艮二宮如子年辰巳年最凶如坎宮有高山高樓者諸凶百出。

```
七五        三一 二      五三
 六        二九          八

一八向 山    九          四
三山 六      四七        九二
四七        八 五六
```

● 上元一運戌山辰向圖解

（陰宅）本山向一白令星會合坐山兼有運盤二黑同臨有山有水均吉向首爲八三輔星。有水自吉山亦無妨兌宮生氣取水艮宮亦取有水所忌山水者惟坎、離、震、坤、四卦此山本主丁財俱發若用之不妥則百病橫生西戌亥丑寅辰巳年添丁發財舍此則不合震宮有水則金木相尅主生肝病金病上元庚午巳卯等生人不利。

（陽宅）宅外堂局用神與陰宅同內門房門、灶門宜開乾兌艮巽四宮爲吉在震離卦者不

在坎、巽宮者損丁淫蕩並出敗子。

（造葬）本山五行屬金合局與庚甲同酉年爲太歲卯年爲七煞修造宜忌亦與庚甲同論。

```
七六　三二　二
　五　九二　二

五四　一九向　三八
　七　　　　
一二　二山六　八七
　九　　　　四七四
　山　六五　八三
　　　六
　　　九八
```

招小口並主歪斜。

（造葬）本山五行屬土取土局為旺火戌為生扶戌年為太歲辰年為七煞申子辰年月寅午戌年月大通亥卯未年月為坐煞巳酉丑年月為向煞值四綠入中宮為五黃不通。

●上元一運乾山巽向圖解（亥巳同）

（陰宅）本山向一白令星會合向首有山有水均吉坐山為八三為朋又為稍遠之生氣坐實坐空均吉並主旺丁震富有聚水最主悠久坤宮有山水亦吉最忌兌離兩宮見水坎艮方亦宜取靜用之得當丁財兼優未申戌亥卯辰巳年添丁諸事順利酉子午丑寅年不吉有木命人不利。

（陽宅）宅外堂局用神與陰宅同內門房門灶門開乾坤震巽為最利在兌卦者主損人口。

並礙小房在離卦者主多黃病或出膨脹如欲添丁旺財取

巽門者可操左券。

（選葬）本山五行屬金取金局為旺土局為生扶立亥山屬
水取水局為旺金局為生扶亥年為太歲巳年為七煞申子、
辰年月為向煞寅午戌年月為坐煞不利五黃與戌辰同論。

七 三 二
八三 四七 三八

五 一 六
六五 二九山 七四
九向

九 一 四
一 八 五六
八九二

● 上元一白運結論

坎卦位居北方五行屬水數屬一星屬貪狼為九運之首又為上元甲子第一運轉甲子至
癸未二十年為之一白運經云當令者為旺將來者為生已過者為衰過久者為死故本運
以一白為旺星二黑為生氣九紫八白為衰六白七赤等為死取其生旺避其衰死一九八
一二三為之三般卦之用神在三般卦內均可謂之吉神一白貪狼為魁首文章之星用之
得當可出文臣當其主宰之際國家可告昇平文風大盛理勢然也。

聽聽堂藏版

談氏三元地理大玄空路透卷二終

談氏三元地理大玄空路透卷三

三元奇術研究社主任武進浩然談養吾著

●上元二運壬山丙向圖解

（陰宅）本山向二黑令星會合向首秉有運盤之六白同臨。有山有水均吉並主旺財惟水

八四	四	
九	九四	
六二	二	六向
二	七山	七
一六	九	五
七	八	三

勢不宜過大。在當旺時大吉失運則病符相乘坐山爲一三。

水來生木有來龍高峯定主旺丁交三運大發艮卦有來水

明堂甲辰至癸亥二十年旺財兌卦亦宜有小水乾巽二宮

有水肺病腹疾難免震坤兩宮宜稍靜爲佳命宮遇五六七

者亦主不利添丁以子、丑寅午年最旺遇此流年亦吉卯、辰、

巳戌亥年欠寧。

（陽宅）宅外堂局用神與陰宅同內門、房門、灶門。在離、坎、艮方爲最利次則坤、兌。此外不吉。

在巽宮者主傷小口。

（造葬）本山五行屬水取水局爲旺金局爲生扶申子辰年月爲向煞寅午戌年月爲坐煞。

值九紫入中宮爲五黃均不利。

（陰宅）本山向二黑令星會合坐山有水有山均吉當二運時旺丁向首取山最吉水則稍

● 上元二運子山午向圖解（癸丁同）

八三 一	四 五八	三 三六
六一 五	二 七二	七 二六
一五 八	九 四九	五 九四

遜坤宮水勢愈大愈旺震宮小水亦吉乾巽宮宜靜艮兌宮

小水小山無妨添丁以子午、未申年爲旺此外則丑寅卯年、

亦主添丁辰巳酉戌亥年不利有辛未庚辰巳丑等生人主

得利。

（陽宅）宅外堂局用神與陰宅同內門、房門、灶門宜開坎離、

坤宮爲最吉次則震艮二宮兌乾巽宮主不利主出黃病癆

症並主皮毛病或小兒痧痘等症在所不免。

（造葬）本山五行屬水合局與壬丙同子年爲太歲午年爲七煞巳酉丑年月亥卯未年月

大通。五黃與前同論。

● 上元二運丑山未向圖解

（陰宅）本山向二黑令星到山到向不犯上山下水。向首宜有來水明堂主發財祿坐山宜

八二　四六　三
八　四三　六三四

六四　二八　七
一　二五　山七九三

九　九一　五
一六　七一　五二
　　　　　　年平平。

有來龍高山主發人丁坎卦為三碧生氣宜有水口離宮四

一同宮主發科名有水有山均為合宜庚午甲子等生人最

利乾宮巽宮之小震宮之山均為不合在巽宮者主長房血

症在乾宮者主少婦受殃如有戊辰生人定主夭折流年添

丁以午未申年最佳子丑寅年次之戌亥卯辰巳年大凶酉

（陽宅）宅外堂局用神與陰宅同內門房門灶門開離卦者主產神堂開坤坎宮者亦吉切

忌兌乾震巽四宮。在兌乾者主出肝病。在巽者主出血症長房不利。

（造葬）本山五行屬土取土局為旺火局為生扶丑年為太歲未年為七煞申子辰年月為

聰聽堂藏版

向煞。寅、午、戌年月爲坐煞值二黑八中宮爲五黃均不通。

●上元二運艮山坤向圖解（寅申同）

（陰宅）本山向二黑令星顛倒確犯上山下水龍空氣空應宜坐空朝滿方爲合宜否則丁

多鰥寡。

八　二　五
　四　七　一
　三　六　九

六　三　九
　二　八　五
　五　山　向
　　　七
　一　四

一　七　四
　九　三　六
　五　八　二

衰財薄可預卜也坎宮有來水光亮或秀峯峻嶺定出魁首

文臣離宮取水交三運旺財兌乾巽宮宜靜震宮不妨惟長

房稍有欠寧甲子、癸酉等生人大利添丁流年以子、丑、寅、卯、

午年最吉。

（陽宅）宅外堂局用神與陰宅同內門、房門、灶門在坎宮者

定生貴子次則艮離切忌兌乾巽宮在坤宮者主出腹疾並

（造葬）本山五行屬土合局與丑未同立寅山申向者本山五行屬木取木局爲旺水局爲

生扶寅年爲太歲申年爲七煞巳、酉、丑年月爲坐煞亥、卯、未年月爲向煞均欠通五黃同前。

● 上元二運甲山庚向圖解

（陰宅）本山向二黑令星會合向首有山有水均吉坐山二金重重以靜爲貴稍動即主丁

衰乾宮能有之玄之水可發財祿並可添丁艮宮有水有山

均吉離宮有山龍爲妥坤宮不宜見形主出損症並損小口

坎巽宜靜此山用後如乾宮無水者大都不出二運已多破

敗添丁流年以酉戌亥丑寅年最利午年次之未申子卯辰

巳年不利。

（陽宅）宅外堂局用神與陰宅同內門、房門、灶門開兌艮、

八 六七	四 二	二 三三
六 九四	二 四向 九山	四 七
一 八五	九 七六	五 三二

● 上元二運卯山酉向圖解（乙辛同）

遇七赤八中宮爲五黃均欠通

（造葬）本山五行屬木取木局爲旺水局爲生扶亥、卯、未年月爲向煞巳酉丑年月爲坐煞

宮者爲吉他卦均主不利。

（陰宅）本山向二黑令星會合坐山有水有山均吉向首有水有山主多官非口舌破財並頻頻。

八一	四六	六
三	四七	三八
	五	

六八	二四向	
五	二九山	七
四	九	五七

一三	九	
五	二二	
二五	六七	

損小口巽宮取聚水明堂坤宮同論交甲辰甲寅二十年大旺丁財。坎宮有山無妨乾艮離宮宜靜艮宮見形見氣與向首同論添丁流年以卯辰己未申年為最利酉年破敗難免。

戌亥丑寅午年均不吉命宮有屬金者應主不利。

（陽宅）宅外堂局用神與陰宅同內門房門灶門在震巽坤為吉次則坎宮切忌兌乾艮離在兌艮宮者小口難招口舌

（造葬）本山五行屬木合厝與甲庚同卯年為太歲酉年為七煞申、子、辰、寅、午、戌年月大利。

五黃與甲庚同論。

● 上元二運辰山戌向圖解

（陰宅）本山向二黑令星顛倒上山下水宜坐空朝滿為吉惟向首為四為稍遠之生氣有

八　四　三

七九　三五　二

三　五　二四

二三　向
山　七

六七　二三　七

五　山向　六八

一二　九一　五

九八　一　四六

● 上元二運巽山乾向圖解（己亥同）

（陰宅）本山向二黑令星到山到向向首宜水坐山宜山所謂山管山水管水山管人丁水主財祿同此論也兌卦一白魁首八白輔星有秀水峻嶺主出人傑坤宮文武交會有佳山

（造葬）本山五行屬土取土局為旺火局為生扶辰年為太歲戌年為七煞己酉丑年月為坐煞亥卯未年月為向煞遇六白入中宮為五黃均欠利。

震四卦為最利巽卦平平離坤兌最凶或主損宅主或主回祿血症。

（陽宅）宅外堂局用神與陰宅同房門、內門、灶門、開乾、坎、艮、

卯年最利午未申酉年凶。

子中元庚午己卯生人受尅不利流年添丁以戌亥子丑寅

不能有水有則火災傷丁不免兌宮亦宜稍靜上元丁卯丙

坎宮輔星武曲應主武科發跡最凶者坤離兩宮不能有山。

水亦無妨。震宮一八交會有聚水高峯均吉艮宮取山為是。

八　六
四　八一
四　三二　九

六　二
八　八　三向
　　　山七
　　　五七

一　四五
二
九　三
五　七九

秀水亦主出秀離宮主吉與坤宮同論最要者震宮宜有山

龍以補將來之生氣惟坎、艮宮凶星會合有形有氣定主破

敗流年亦以子、丑寅年最凶此外均主添丁順利。

（陽宅）宅外堂局用神與陰宅同內門、房門、灶門除坎艮二

宮凶星交會外均吉震宮亦不利在兌坤離宮文武連生在

坎、艮者禍患百出。

● 上元二運丙山壬向圖解

（造葬）本山五行屬木取木局為旺水局為生扶立巳山亥向者本山五行屬火取火局為

旺木局為生扶巳年為太歲亥年為七煞申子辰年月為坐煞寅午戌年月為向煞六白入

中宮為五黃均欠利。

（陰宅）本山向二黑令星會合坐山有來龍來水均吉向首如有大小可卜旺財至甲辰年

起旺二十年艮卦有山有水均吉坤宮為四綠為將來之生氣有水亦主悠久乾震宜靜兌

上段（前節）飛星圖：

八五	三一（向）	一三
一	六	八
九四	七六	五八
九	二	四
四九	二二（山）	六七
五	七	三

宮無妨最忌巽宮見形動輒有咎添丁流年以午、未、申、子、丑、

寅年最利震宮有水主出腹疾孕婦不利命宮有屬金者亦

主不吉。

（陽宅）宅外堂局用神與陰宅同內門、房門、灶門宜開離、坤、坎、艮宮爲吉震、巽宮最不利。兌、乾宮尚可。如在離宮者本爲旺氣惟交三運時須改坎宮否則宅母多病。

（造葬）本山五行屬火取火局爲旺木局爲生扶申子辰年月爲夾煞寅午戌年月爲向煞。

遇一白入中宮爲五黃不利亥卯未巳酉丑年月大通。

●上元二運午山子向圖解（丁癸同）

下段（午山子向）飛星圖：

五八	一三（山）	三一
一	六	八
四九	六七	八五
九	二	四
九四	二二（向）	七六
五	七	三

（陰宅）本山向二黑令星會合向首有山有水均吉最好坐空爲將來之生氣發福悠久。坤

八一　三三
四　八五　三六
三　　六七

六三二
二七六山向七
二六二

一八　五九　四九
八九五
五九四

●上元二運未山丑向圖解

戌年月為向煞五黃與壬丙同論。

（造葬）本山五行屬火合局與丙壬同午年為太歲子年為七煞申子辰、年月為坐煞寅、

不免在兌者主墮胎並帶暗病

宮見形主吉艮宮亦宜取水。乾巽震宜靜。金墩不宜過高。

高則金重洩氣主多肺病添丁流年以午、未、申、子、丑、寅年為

利酉戌亥辰巳年凶有上元辛未庚辰等生人大吉並主發長房。

（陽宅）宅外堂局用神與陰宅同內門、房門、灶門宜開離坤、

坎、艮為吉此外均凶在乾者主多金病小兒瘟痘等症有所

（陰宅）本山向二黑令星到山到向故向首宜水坐山宜山兌宮生氣取水為上吉離宮一

四同宮有秀氣者主出文人坎宮有山為合震宮有形則小房不利並多破敗巽宮乾宮以

八
二八
四 六三
三 七
二 四

靜爲貴能有屬馬生人。定主富貴功名添丁流年以午、未、申、酉、丑、寅年爲利子年平平戌亥、卯辰巳年最凶。

六
四一
二 五向
八山
二八 七
三 九

一
六九
二 七
五
五二

（陽宅）宅外堂局用神與陰宅同內門、房門、灶門開在離宮者最吉兑艮兩宮亦利切忌乾、震巽宮或主淫邪或損小口或出癆症回祿等症至於書室門開在離宮者必出秀士

（造葬）本山五行屬土取土局爲旺火局爲生扶未年爲太歲丑年爲七煞申子辰年月爲坐煞巳酉丑年月爲向煞值八白入中宮爲五黃均不利。

●上元二運坤山艮向圖解（申寅同）

（陰宅）本山向二黑令星顛倒宜坐空朝滿爲利最要者坎宮宜有明堂文筆峯定出魁首

八 二
　五
四 七
　一
三 六
　九

六 三
　九
二 五山向
　八
七 四一

一 四
七 九 三
六 三
五 二八

文章之士震宮應取城門、三叉方主悠久巽宮小水爲利。有

山則凶不可言離宮有來龍爲善兌宮切忌見形主多官非。

乾宮亦以靜爲貴流年添丁以子丑寅卯年爲最利屬鼠生

人。最爲亨通。

（陽宅）宅外堂局用神與陰宅同內門、房門、灶門開在坎、艮、震宮爲吉兌、乾宮均不利在兌

宮者主出缺唇人其吉凶尅應可與陰宅並參學者宗之。

（造葬）本山五行屬土合局與未丑同立申山寅向則本山五行屬金取金局爲旺土局爲

生扶申年爲太歲寅年爲七煞己酉、丑年月爲向煞亥卯、未年月爲坐煞均不利五黃與未

丑同論。

●上元二運庚山甲向圖解

八　六
四　二
二　三一

六　四
九
二　九　向
二　四　山
七
八　五

一　八
五
九　六　七
五
一三

◉上元二運酉山卯向圖解（辛乙同）

（陰宅）本山向二黑令星會合向首宜取聚水三叉、爲旺坐山死氣以靜爲貴坤宮當有來

煞三碧入中宮爲五黃不通陰陽兩宅修造均忌之。

（造葬）本山五行屬金取金局爲旺土局爲生扶亥、卯、未年月爲坐夾煞巳、酉、丑年月爲向

口並多皮毛咽喉病坤、坎、巽宮亦不利。

（陽宅）宅外山水用神與陰宅同內門、房門、灶門開在兌乾艮離者爲旺切忌震宮土傷小

年爲旺午年亦吉此外不利此山如艮宮無大水一過本運。

爲上坎坤巽宮宜靜屬兔人不利添丁流年以酉戌亥丑寅、

水來發福悠久乾宮有龍爲吉水亦無妨離宮小水取圓明

金氣重重死氣交併切忌見水見山以一片平洋爲安民宮

（陰宅）本山向二黑令星會合坐山坐空坐實均利惟向首

即主退敗用者愼之。

心一堂藏版

```
八三    四    六七
 一           三八
        五八
```

```
六五           二九  向
八五    二四  山  七
          四
```

```
一三    九
   二五
   七六
```

● 上元二運戌山辰向圖解

水城門。主甲辰、甲寅二十年大發坎宮有小水口以補悠久。
巽宮有山有水均吉乾艮離宮宜靜如坐山有水冲必主人
丁衰敗。天傷絕滅添丁流年以卯辰巳未申年為旺子年稍
遜最忌酉丑寅年定卜難招。

（陽宅）宅外山水用神與陰宅同內門房門灶門宜開甲卯
乙辰巽巳未坤申方為最利在兌艮宮者哭聲頻頻口舌不
止且損小房離宮者黃病腹疾有所不免。

（造葬）本山五行屬金取金局為旺土局為生扶酉年為太歲卯年為七煞巳酉丑年月為
向煞亥、卯、未年、月、為坐煞均不利五黃與庚甲同論。

（陰宅）本山向二黑令星顛倒應宜坐空朝滿惟人丁不旺故仍以坐實為吉震宮輔星貪
狼有秀水峻嶺必產文人兌宮之水主上元末運當旺艮宮有秀水高峯者必出文武全才。

八七
九
四　三
五三
　三二
　四二

六七五
九　二　一向
二三山七
　三八六

一九
二　九　一
　八五
　四六

● 上元二運乾山巽向圖解（亥巳同）

當大造時最宜佈置妥善否則凶禍頻生非建築之道也。

（造葬）本山五行屬土取土局為旺火局為生扶戌年為太歲辰年為七煞亥、卯、未年月、為坐煞。巳、酉、丑年月、為向煞寅午申子年大通遇四綠入中宮為五黃不利。

（陽宅）宅外山水用神與陰宅同內門房門灶門開兌乾坎艮震均利在離坤宮者丁財俱傷故住房為吾人最重之事。

惟須至中元方見最忌坤離兩宮有形有氣回祿血症諸事頻生坎宮六八交會亦主出秀有明水高峯中元大旺添丁流年以戌亥子丑寅卯年最旺午未申年最凶有屬鼠牛虎兔等生人必聰敏非常。

（陰宅）本山向二黑令星到山到向不犯上山下水故向首宜水朝坐山宜來龍方主丁財大旺反之則否震宮三碧生氣有三叉明堂主甲辰甲寅二十年大旺離宮坤宮兌宮吉星

八六　四一八
四　　三二九

六八　二一山向
六　　二三山　七五

一四　二三
二　　九五三　五九七

年最旺。

鼠屬牛屬虎等生人不利流年添丁以辰巳午未申酉戌亥、

下元亦旺惟坎艮兩宮見形見氣則損丁破財凶禍連綿屬

疊臨如有秀水高峯來龍朝水定卜文武連生富貴功名中

寅午戌年月爲坐煞、申子辰年月爲向煞、四綠入中宮爲年五黃不利。

（造葬）本山五行屬金取金局爲旺土局爲生扶立亥山巳向者亥年爲太歲巳年爲七煞。

（陽宅）宅外山水堂局與陰宅同內門房門灶門開巽離坤、兌宮主吉在坎艮者血症肺病不免。

●上元二黑運結論

坤卦位居西南五行屬土數屬二星屬巨門爲上元甲子第二運轄甲申甲午二十年爲之

二黑運以二黑爲令星入白爲零神三碧爲生氣二一九、二三四爲三般卦之用神二黑爲

病符當旺時主旺田宅不產文士異途擢用衰死時主出膿脹宅母不利。

卷三終

三元奇術研究社主任武進浩然談養吾著

● 上元三運壬山丙向圖解

（陰宅）本山向三碧令星會合坐山龍從坎來最吉坐空亦無妨向首有案山為吉有水則

九
四二
五　六九
四　八七

七
四二
三　七向
八山　八
三三

二
六
九　一五
一　六一
五

為衰氣如坤宮有大水三叉主中元初運大旺震宮小水以
補悠久切忌巽宮乾宮有山兌宮有水見者主多損傷血症、
火災不免流年添丁以子午未申年最旺丑寅卯年稍遜餘
則不利如命宮有二黑坤土者受尅不利。

（陽宅）宅外山水堂局與陰宅同內門房門灶門開坎坤兩
宮主發丁財在離宮者疾病淹延宅母不利維須在本運之

（造葬）本山五行屬水取水局為旺金局為生扶寅午戌年月為坐亥煞申子辰年月為向
末年方見在兌宮者長房不利。

煞九紫入中宮爲五黃不能動作。

● 上元三運子山午向圖解（癸丁同）

（陰宅）本山向三碧令星會合向首宜有聚水案山爲最善坐山有來龍者定主旺丁且爲

九 五一	五 一五	四 六九
七 三三	三 七八（山向）	八 四二
二 八七	一 九六	六 四二

四綠生氣悠久無疑艮宮有來水能一卦清純者交中元大
發兌宮小水爲吉巽宮乾宮有山主不利震宮有水者主長
房不利並出癆症流年以子丑寅午年最利並主添丁卯辰
已戌亥年最凶

（陽宅）宅外山水堂局與陰宅同內門房門灶門開在離艮
兩宮最旺坎宮次之切忌震宮經云六九會而長房血症卽
此意也在乾宮者亦然。

（造葬）本山五行屬水取水局爲旺金局爲生扶子年爲太歲午年爲七煞寅午戌年月爲
坐煞申子辰年月爲向煞不通五黃與前同論須擇巳酉丑亥卯未年月方爲大通癸丁同

此論。

● 上元三運丑山未向圖解

（陰宅）本山向三碧令星會合坐山龍自艮方來方爲合格有水亦無妨向首六九交會以

```
九六    五二    七四
 九      四      二

六九向   四一    二五
 山       五      一

二七    一八    六三
 八      七      三
```

靜爲最佳稍動即主破敗離宮宜有旺水主中元初運大旺。

坎宮亦宜小水以補悠久兌宮有龍爲佳震宮有水則煞氣

重重幼房小口均不利巽宮有山亦同此論餘則無妨流年

添丁以丑寅午酉年最旺切忌卯、辰、巳、未、申年必定難招有

屬羊屬猴生人不利命宮屬六白者受尅最凶。

（陽宅）宅外山水堂局與陰宅同內門、房門、灶門宜開艮、離、

兩宮主發丁財。在坤、震宮者損丁官非口舌綿綿而至其他旁宮平平無害。

（造葬）本山五行屬土取土局爲旺火局爲生扶丑年爲太歲未年爲七煞寅、午、戌年月爲

坐煞申、子、辰年月爲向煞遇二黑入中宮爲五黃不利。

●上元三運艮山坤向圖解（寅申同）

```
        九          五          四
       三三         八七         七八
        七          三          八
       一五       九六山向       二四
        二          六
       五一       一四二        九六
```

（陰宅）本山向三碧令星會合向首有聚水三叉主本運旺財有案山者最吉惟坐山六九

交會火金相逼動主不利有來龍山峯者尤甚坎宮生氣為將來悠久之一星能有朝水明

堂主旺財祿離宮小水為妥大則過運後即主不利震宮有

龍主吉兌宮見水主生口舌並損幼房乾宮有山同論此山

中宮火金相剋有六白四綠命宮均主不利流年添丁以未、

申子卯年最旺酉戌亥丑寅年最不利。

（陽宅）宅外堂局山水與陰宅同內門房門灶門宜向坤、坎、

方最利主旺丁發財切忌兌艮兩宮主多破敗即添丁亦必

不招。

（造葬）本山五行屬土合局與丑未同立寅山申向者本山五行屬木取木局為旺水局為

生扶寅年為太歲申年為七煞巳酉丑年月為坐煞亥卯未年月為向煞五黃同前論

● 上元三運甲山庚向圖解

（陰宅）本山向三碧令星顛倒允宜坐空朝滿坐山三八為朋即坐實亦吉惟向首七赤零

九 五 四
七二 三七 二六

七 三 八
五九 一五向 六一山

二 一 六
四九 三八 四八

聰明俊秀之士。

● 上元三運卯山酉向圖解（乙辛同）

不利申、子、辰、寅、午、戌年月、大通遇七赤入中宮為五黃

（造葬）本山五行屬木取木局為旺水局為生扶已、酉、丑年、月、為夾煞亥、卯、未年、月、為向煞。

神為當運之煞氣有水則動動則招咎諸事不利當取案山為是巽宮取三义城門艮宮有水則為天元取輔有龍則葬乘生氣可主發丁坎宮一六聯珠有秀水峻嶺主出神童離宮忌水坤宮忌山如命宮有三碧者必主夭折

（陽宅）宅外山水堂局與陰宅同內門、房門、灶門、開在震、巽、艮、坎宮者為吉切忌兌方主出少年吐血最好在坎宮主出

聽德堂藏版

（陰宅）本山向三碧令星到山到向不犯上山下水向首山八為朋有山有水均主旺坐

九宮飛星圖

```
八          三
九    五    三
四    八
      四
      九

一          五向山
七    三
六    一
      八
      五    九

二    一
六    三    七
三    七
      六
      二
```

山有龍主發人丁有微水即主破敗乾宮生氣主發福悠久。

當取聚水三叉愈動愈吉坤宮輔星為下元旺氣天元取之

最利離宮秀氣主出人傑巽宮以靜為官艮宮忌山坎宮忌

水有辛未庚辰生人欠寧流年添丁遇卯午未申酉戌亥年

最旺此山立極相尅金墩以和為上否則橫禍頻生且主滅

頂之災。

（陽宅）宅外山水堂局與陰宅同內門房門灶門開離坤兌乾宮均主丁財駿發切忌震宮、

坎宮在震宮者主出青年人長房不利。

（造葬）本山五行屬木合局與甲庚同卯年為太歲酉年為七煞申子辰寅午戌年月為大

通坐煞向煞五黃與甲庚同論。

● 上元三運辰山戌向圖解

（陰宅）本山向三碧令星到山到向經云山管山水管水是也向首宜水向山宜山可主旺

```
五七    九二    一三
 九      五      四
```

財發丁如坐空則不利震宮文昌武曲有用神加臨可出文

武全才艮坎兩宮吉星會合有聚水來龍定主秀士濟濟惟

離坤兩宮凶星相加稍動即主破敗有損無益丁財俱耗命

宮有兌七者必亡並主火災流年添丁以戌亥子丑寅卯年

最旺午未申年大凶諸事謹慎

（陽宅）宅外山水堂局與陰宅同內門房門灶門開在乾坎

```
七九    四二    八一
 七    山三向    六
```

艮震宮者最利離坤宮者最凶作者可與本山向陰宅吉凶合參門戶宜忌即可瞭然矣

（造葬）本山五行屬土取土局為旺火局為生扶辰年為太歲戌年為七煞巳酉丑年月為

坐煞亥卯未年月為向煞六白入中宮為五黃不利

```
二三五    六八一
 一        六
 二五      一四
```

● 上元三運巽山乾向圖解（巳亥同）

（陰宅）本山向三碧令星顛倒上山下水氣空應取龍空否則所謂龍空氣不空龍實氣不

聰聽堂藏版

九　一
八
五　六　四
四
四　三　五

七　八
六
三　四　　向
三　二　　山
二　一　九
八　七

二　三　　一　二　　六
　　　　　　　　　　五　七

● 上元三運丙山壬向圖解

辰戌同均欠通。

旺木局為生扶。己年為太歲。亥年為七煞。申子辰年月為坐煞。寅午戌年月為向煞。五黃與

（造葬）本山五行屬木。取木局為旺。水局為生扶。立己山亥向者。本山五行屬火。取火局為

兌、四方為利。可主旺財旺丁。在坎、艮、兩方者。丁財俱敗。金病不免。或出淫邪。兼防火災。

（陽宅）宅外山水堂局。與陰宅同。內門、房門、灶門、開巽、離、坤、

大凶。命宮有二黑、七赤者。定主夭折。

人。均主不利。添丁流年。以辰、己、午、未、申、酉年最旺。子、丑、寅年

坎、艮、兩宮凶星相逼。見形見氣。人財俱傷。屬鼠、屬牛、屬虎生

來水去水明堂、三叉、高山、秀峯。均主大旺。並出高明之士。惟

實定多不利。故此山宜坐空朝滿。兌、離、叁宮吉星交會。有

（陰宅）本山向三碧令星交會。向首有龍有水均吉。並有運盤八白為朋。尤為上吉。坐山向

九　五　四

二四　六九　七八

七　三　八山向

四二　七八山　八三

二六　一　六

九　五一　一五

最不利。

盤為四綠生氣當取龍空主中元初運大旺經云打刦此其
道也坤宮取山與此同論艮宮小水以補悠久所忌者巽宮、
兌宮、乾宮凶星交會見形見氣主多不利。六九會而長房血
症惟此為靈如有命宮屬二黑者遇旺氣相尅流年金星飛
到。必主傷亡添丁流年以子午未申年為旺辰巳酉戌亥年

（陽宅）宅外山水堂局與陰宅同內門房門、灶門開在坎、離方者最旺次則震艮最凶則乾、巽兩宮不可不慎。在坤宮者病多淹延宅母不利。

（造葬）本山五行屬火取火局為旺木局為生扶申子辰、月為來敚寅午戌、月為向煞已、酉丑亥、卯未、年月大通一白入中宮為五黃當避之為上。

●上元三運午山子向圖解（丁癸同）

（陰宅）本山向三碧令星會合坐山有來龍聚水可主旺丁、旺財否則吉少凶多向首生氣

聽聽堂藏版

九五一
五　四
一五　六九

七三
三　八向
七山　八二

二八七
一九六
六　四二

為中元旺星。有朝水明堂發財最易。在三運而以四綠為用
神打刧之意。庶乎近焉。艮宮有龍為利。坤宮靜水主吉。最忌
乾巽震三宮山水夾雜凶禍。疊至長房尤甚。水消巽方者口
舌傷丁不免。流年添丁以子、午、丑、寅年為旺。卯、辰、巳、戌亥年
大凶。餘則平平。命宮有六白者不利。

（陽宅）宅外山水堂局，與陰宅同。內門、房門、灶門開在坎、離為最旺。坤、艮平平。切忌震、巽、乾、
三宮血症、痧痘、小兒不利。

（造葬）本山五行屬火合局與丙壬午同。與丙壬午年為太歲。子年為七煞。中子辰年月為坐煞寅、午、
戌年月，為向煞均不通。丁癸山向同論。

● 上元三運未山丑向圖解

（陰宅）本向山三碧令星交會向首有龍有水丁財均旺。惟坐山與其他山向不同。火金相

九六
九　五四　四
二　　一五

七四二
二　六向　
三六山　八　五一
九　八

二八七
一七　　八
　　六三三

● 上元三運坤山艮向圖解（申寅同）

（陰宅）本山向三碧令星會合坐山有龍有水可發丁財坐空坐實均無妨惟向首九六尅

（造葬）本山五行屬土取土局爲旺火局爲生扶未年爲太歲丑年爲七煞甲子辰年月爲坐山寅午戌年月爲向煞均主不吉已酉亥卯年月、大通八白入中宮爲五黃動輒遭凶

（陽宅）宅外山水用神與陰宅同內門房門灶門宜開艮方、兌方生旺之氣爲吉在坤宮者、必主火災、血症巽宮零神損丁不免。

尅並爲當元之死氣有來龍山崗均主丁衰坐空者尤凶命

宮有乾六者最凶兌宮當取大水可主悠久乾宮小水爲利。

離宮有山同論震巽二宮兌宜不動爲妥惟震宮有輔星但

會合凶神爲之稍遜巽方如有破碎之形者口舌歪斜有所

不免流年添丁以丑寅午酉年最旺未申年最凶其餘倘可

聰聽堂藏版

九三
五　　四
八七　八七

七
五一　六向　八二
三九　山八　四

二五　一四　六九
一　　二　　六

制。動輒遭咎能一片半洋方可立穴否則財氣衰弱可預卜也震宮無明堂聚水出本運即敗當立穴時最宜注意巽宮有小水則可過大則出運反主不利坎宮有龍者主中元旺丁乾宮不宜見水主口舌損丁兌宮輔星尚可命宮有二與六者均受尅不利流年添丁以未、申、子、卯年為旺遇酉年、丑寅戌亥等年最凶此山金墩宜和高則火旺金尅齒多不利。

（陽宅）宅外堂局山水與陰宅同內門房門灶門宜開坤震二宮最吉乾艮宮最凶主出少年人並損長房癆症難免。

（造葬）本山五行合局與未丑同立申寅者本山五行屬金取金局為旺土局為生扶申年為太歲寅年為七煞亥、卯、未年月為坐煞巳酉丑年月為向煞八白入中宮為五黃不宜動作。

●上元三運庚山甲向圖解

（陰宅）本山向三碧令星顛倒。所謂上山下水是也。凡上山下水理應坐空朝滿。龍空氣空。

方可立穴當取水龍為合。如在山龍則零神當權旺氣受尅。

中年夭折丁衰財薄。不數年而必見矣。論其向首向盤尚有

輔星。雖不為旺氣。可主悠久。有龍有水均無妨。艮宮則亦宜

注意水口則吉。切忌坤宮流動。離宮高峯或主火災或傷小

口。坎宮武曲貪狼文武全才。世代不輟動則方應流年添丁

以子、丑、寅、卯年最利午、未、申、酉年最凶

九　五　四
七二　五七三　六二

七　三　八
九五　五一山向　一六

二　一　六
四九　三八　八四

（陽宅）宅外山水堂局。與陰宅同。內門、房門、灶門宜開兌坎艮震四宮為吉。惟坎艮最利主

出文人秀士財氣大旺。切忌坤離主多損傷。

（造葬）本山五行屬金。取金局為旺。土局為生扶。己酉丑年、月為向。亥卯未年、月為坐夾

煞。二碧入中宮為五黃不利。申子辰寅午戌年、月大通。

● 上元三運酉山卯向圖解（辛乙同）

（陰宅）本山向三碧令星到山到向不犯上山下水山管山水管水宜坐龍向氣主發丁財。

九 四八	五 三八	四 九
七 六一	三 五一　山向	八 九五
二 六二	一 七三	六 二七

若向首案山或橋梁房屋高矗當面者損丁耗財凶禍橫生。

立穴時最宜注意坤宮若無三叉城門交四綠運脫氣必主

不利故水勢愈大則將來愈發乾宮以實為貴艮宮如空則

死氣當權生氣受尅小口幼房均主不利最好離宮聯珠貫

串科甲連綿功名全才可操左券流年添丁以午未申酉戌

亥年為最旺卯年亦吉子丑寅年不利

（陽宅）宅外山水用神與陰宅同內門房門灶門開在離兌震三宮者可主發財旺丁並出

秀士在坎艮宮者小口孕婦不利

（造葬）本山五行屬金合局與庚甲同酉年為太歲卯年為七煞亥卯未年月為坐煞巳酉

丑年月為向煞三碧入中宮為五黃均為不吉

●上元三運戌山辰向圖解

（陰宅）本山向三碧令星到山到向用得其所可卜旺財發丁坐山出水能生木尤為吉利向。

九 七五	五 二九	四 三一

七 九七	三 二五 向	八 四山 八六

二 五三	一 四六	六 八一

● 上元三運乾山巽向圖解（亥巳同）

首聚水為旺惟有五黃令宮者不合震宮文昌武曲為中元之旺氣有龍有水屆時必發艮宮輔星貪狼動能集福坎宮吉星交會有形有氣武科發跡最宜注意者離坤兩宮凶星

（陽宅）宅外山水堂局用神與陰宅同內門房門灶門開乾、

壘壘如有來去水口起伏山龍必主損丁火災、血症、孕婦不利流年添丁以成亥子丑寅卯年最旺辰未申三年大凶

坎、艮震四宮最旺定主旺財發丁諸事順利巽宮當運土吉離埠兩宮煞氣重重忌之為吉

（造葬）本山五行屬土取土局為旺火局為生扶戌年為太歲辰年為七煞亥卯未年月為坐煞巳酉丑年月為向煞四綠入中宮為五黃欠通

（陰宅）本山向三碧令星顛倒上山下水坐空朝滿之局也例主丁衰財薄惟本山有五黃。

九　五　四
八一　六　五三
　　　四

七　三　八
八六　四二　九七
　二向　　山

二一　一　六
三　二九　七五
　　　六
　　　七五

（陽宅）宅外山水用神與陰宅同內門房門灶門開在巽、離、坤、兌四宮定出文臣大將財丁

俱發在艮坎宮者損丁破財凶事連綿。

（造葬）本山五行屬金取金局爲旺土局爲生扶立亥山已向著本山五行屬水取水局爲

旺金局爲生扶亥年爲大歲已年爲七煞寅午戌年月爲坐煞申子辰年月爲向煞四綠入

中宮爲五黃切忌動作。

●上元三碧運結論

在本運末年即不坐空亦屬無妨向首一白貪狼空亦無妨。

兌宮文曲爲將來之生氣尤宜取三叉明堂主中元大旺坤

宮輔星動則召吉艮宮六八主武科發跡中元大旺惟艮坎、

兩宮死氣交錯有形有氣凶禍立至屬鼠屬牛屬虎等生人。

均主不利流年添丁以辰已午未申酉年最旺子丑寅三年。

每主不利。

震卦位居正東。五行屬木。數屬三。星屬祿存。又爲蚩尤盜賊之星也。爲上元末運轄甲辰甲寅二十年爲之三碧運以三碧爲令星七赤爲零神四綠爲生氣攷三二一三四五叠三般卦之用神時值三碧盜賊四起。世事橫暴。爲好勇鬥很之士並多震兌失運時。主出肝病並多足疾長房不利。

談氏三元地理大玄空路透卷四終

談氏三元地理大玄空路透卷五

三元奇術研究社主任武進浩然談養吾著

●中元四運壬山丙向圖解

（陰宅）本山向四綠令星交會向首爲中元旺氣文昌之象能相誘水案山必出文人並主

八	一	二
四	六	六
四	六	二

四	一	二
八向	六	六
山	五	五

旺財坐山爲五黃生氣有龍最佳兌宮六白離爲本運之零神而爲時不遠自應先用能有聚水開堂壬吉震宮貪狼爲

三	八	九
八	二	四
三	七	九

人地兩元之補救會合非偶當取小水艮宮五黃生氣水來爲吉惟不宜過大大則暴動失運卽凶坤宮有水則腹疾必至乾宮有水則痢疾傷小口巽宮以靜爲貴命宮有屬五者不利流年添丁以子午丑寅年爲利戍亥卯辰巳年不利。

（陽宅）宅外山水堂局與陰宅同內門、房門、灶門開離宮爲旺坎、艮、兌宮平平巽乾兩宮最凶在離宮者旺財發丁可出神童。

（造葬）本山五行屬水取水局爲旺金局爲生扶寅午戌年月爲坐夾煞申子辰年月爲向

煞九紫入中宮爲五黃不宜動作。

（陰宅）本山向四綠令星交會坐山坐空坐實可主丁財兩旺並產秀士向首衰氣小兇無

●中元四運子山午向圖解（癸丁同）

```
一三　五　　　八三　五　　　八（向山）
六一　　　　　四九　　　　　
五　　　　　　四　　　　　　九
三七　　　　　二六　　　　　七二
一　　　　　　七　　　　　　六　二
　　　　　　　　　　　　　　　（凶）
```

妨案山爲吉坤宮當取三叉聚水爲將來旺氣震宮小水能

圓明最佳艮宮有龍則吉有水則稍遜過大則出膨脹尚在

三般之內其凶不至劇烈兌宮靜水主吉乾巽兩宮以靜爲

貴動輒遭咎流年添丁以子年未申年最旺戌亥辰巳年尤

（陽宅）宅外山水堂局與陰宅同內門房門灶門宜開坎宮。

（造葬）本山五行屬水合局與壬丙同子年爲太歲午年爲七煞寅午戌年月爲坐煞申子、

主旺丁發財諸事稱心坤宮亦吉兌乾巽宮不利震宮平平

辰、年、月、爲向煞。九紫入中宮爲五黃動作忌之爲妥。

●中元四運丑山未向圖解

八五二	三九六	一四七
九六三	七四一（山·向）	五二八
四一七	二八五	六三九

（陰宅）本山向四綠令星顛倒所謂上山下水是也。允宜坐空朝滿坐山四一同宮文星疊疊。龍亦無妨向首切忌水光暗水亦所不取稍動則旺氣受制必主夭折破財傷丁最宜注意離宮當取三叉聚水以補將來之生氣。坎宮山水均屬無妨震宮八白天狗主損小口。添丁不育巽宮亦以靜爲上動則火星焰盛流年添丁以丑寅年最旺午年亦利。

（陽宅）宅外山水用神與陰宅同內門房門灶門宜開艮宮。最爲吉利丁財俱旺離坎二宮亦吉坤乾震巽主凶或主損丁手足俱傷。

（造葬）本山五行屬土取土局爲旺火局爲生扶丑年爲太歲未年爲七煞寅午戌年爲坐煞申子辰年月爲向煞。二黑入中宮爲五黃避之則吉。

●中元四運艮山坤向圖解（寅申同）

一四　六八　五
一　　五八　六九
八三　四一　三
　　七九山向九二五
三八　二九　七四
三　　七

（陰宅）本山向四綠令星到山到向不犯上山下水坐山有龍不畏破軍尅制可主旺丁坐

空則否向首四一同宮旺上加旺有秀水文筆峯可主旺財

發丁並產文士功名兩全坎宮聚水為吉離宮池水尤佳兌

宮雖為輔星較之上元自屬稍遜能吉星會合則主吉與凶

星會合則主凶當以靜為安乾宮有龍有水均不利巽震兩

宮見水尙可見山則凶命宮有三碧者不利流年添丁以未、

申年最旺其次則午子丑寅年戌亥年最凶

（陽宅）宅外山水用神與陰宅同內門、房門、灶門開在坤宮者最利可主丁財並茂上和下

睦出神童登科第在坎離宮亦無妨艮、乾兩宮最凶傷丁破財。

（造葬）本山五行屬土合局與丑未同立寅山申向者本山五行屬木取木局為旺水局為

生扶寅年為太歲申年為七煞巳、酉、丑年月為坐煞亥、卯、未年月為向煞二黑入中宮為五

黃不宜動作。

●中元四運甲山庚向圖解

（陰宅）本山向四綠令星到山到向龍真脉的堪發丁財簡言之則向首宜水坐山宜龍是

三七（五）	七二（九）	五九（七）
四八（六）	六向 二山（四）	九四（二）
八三（一）	六一（八）	一五（三）

也。若在三運立本山向主丁衰財敗在本運修之則大旺經、

云江南無好地年月日時利郤此意也乾宮當取水口可主

悠久坎宮一六有秀氣即文云星胖艮壹三八爲朋動亦無

妨巽宮破軍煞氣動輙遭咎坤宮離宮無山無水可保平安。

有三碧命宮者尅制不利流年添丁以酉子丑寅卯年爲最

旺辰、巳午未申年不利。

（陽宅）宅外山水堂局用神與陰宅同內門房門灶門開在兌坎震宮最利添丁發財可操

左劵巽離坤方不利或主腹疾或生目疾並傷小口。

（造葬）本山五行屬木取木局爲旺水局爲生扶巳酉丑年月爲坐夾絲亥卯未年月爲向

旺。

一躍聽堂藏版

煞。七赤入中宮爲五黃忌動作。

中元四運卯山酉向圖解（乙辛同）

```
三三五    七八一    五一三
四二四山   二四六    九六八向
八七九    六九二    一五七
```

（陰宅）本山向令星顛倒山上龍神下水水裏龍神上山龍空氣空方可點穴否則本主丁衰財薄在作者神而用之可也巽宮爲將來之生氣用之得當可主發財離宮吉星會合定出秀士如山水歪斜不正則不應坤宮雖爲衰氣而情屬友朋尙能召吉所忌者乾宮坎宮艮宮見形見氣則凶禍疊至命宮有一白三碧者尅制不利流年添丁以卯辰巳午未申酉年爲吉此外不利。

（陽宅）宅外堂局用神與陰宅同內門、房門、灶門應在震、離、兌宮爲最利巽、坤宮次之乾、坎、艮宮不利。

（造葬）本山五行屬木合局與甲庚同卯年爲太歲酉年爲七煞巳、酉、丑年月爲坐煞亥、卯、

未年月為向煞七赤入中宮為五黃不利。

●中元四運辰山戌向圖解

（陰宅）本山向四綠令星會合向首清純一氣有三叉聚水定發財祿並產秀士惟坐山不

```
一八          八七          三六
九  六三  五   一  四五  六   二七
八  五    四   三山九向  七   三
                八九          六
```

旺龍身不宜過厚本山向星辰曾合

之夾雜立穴時尤宜注意震宮離宮

兌三宮宜山坤宮有水尚可淺宮以靜為是此山當取向首

一星為重命宮遇五黃者不利流年添丁以戌亥年為最旺

酉丑寅辰巳年平平餘則大凶

（陽宅）宅外山水用神與陰宅同內門、房門、灶門宜開乾宮最旺可發財祿其次則兌艮巽、

方餘宮向以不開為是

（造葬）本山五行屬土取土局為旺火局為生扶辰年為太歲戌年為七煞巳酉丑年為

坐煞亥、卯、未年月爲向煞六白入中宮爲五黃均忌修造。

（陰宅）本山向四綠令星會合坐山爲中元旺氣文昌之象。有水愈廣有山愈峻可出人傑。

●中元四運巽山乾向圖解（巳亥同）

運三　向四　山四	運八　向九　山八	運一　向二　山六
運二　向三　山五	運四　向五　山三（山向）	運六　向七　山一
運七　向八　山九	運九　向一　山七	運五　向六　山二

旺財祿最旺之山向也。向首來水之玄則發福久遠可有數代之望。坎宮一白貪狼聚水爲吉。震宮取其來龍至次運旺丁傍卦山水宜配合安洽否則吉凶夾雜最宜注意有屬龍、屬蛇、生人及命宮爲四綠者均主發達流年添丁以辰巳、年最旺戌亥年亦吉。

（陽宅）宅外山水用神與陰宅同內門、房門、灶門開在巽宮者主旺丁發財。在乾宮者雖爲本運零神而先時用之亦主召吉在兌、離二宮最凶。

（造葬）本山五行屬木取木局爲旺水局爲生扶立巳山亥向者本山五行屬火取火局爲旺木局爲生扶巳年爲太歲亥年爲七煞申子辰年月爲坐煞寅午戌年月爲向煞六白入

中宮為五黃均為不通。

● 中元四運丙山壬向圖解

（陰宅）本山向四綠令星會合坐山有龍有水可發丁財向首生氣有聚水明堂甲申甲午。

一	六	
二	六	
	六	二
	五	
	七	一

八	四	四
	九	向
八	山	九
	九	
八		五
	三	

三	八	
九		
三	二	七
	七	
	五	三

二十年大旺經云北斗七星去打劫離宮要相合鄙意以為

惟每運之南北山向有之五黃本非我有而先時借用之此

其意也坤宮亦宜水口震宮切忌水光有則損丁小房不利。

巽、乾宮以靜為妥屬馬生人最利流年添丁以午年最旺子

年平平戌亥卯辰已年不利。

（陽宅）宅外山水用神與陰宅同內門房門、灶門開離宮者。

主產秀士旺丁發財坎坤宮次吉乾震宮最不安如形式破損主遺精洩血並損小口並出咽喉病。

（造葬）本山五行屬火取火局為旺木局為生扶申子辰年月為坐夾煞寅午戌年月為向

煞。一白入中宮爲五黃動則主凶。

● 中元四運午山子向圖解（丁癸同）

（陰宅）本山向四綠令星會合向首位居北方水來生木當與其他方位爲不同有來水明堂可發財祿其力愈大其財愈廣自然之理也坐山本宜有龍兩相比較則當以龍空爲上次運可旺艮宮有水則甲辰甲寅二十年大旺震宮有龍亦同此論巽宮爲中元輔星兌宮切忌水來動主凶禍並主天折乾宮亦以靜爲是有屬鼠生人最利流年添丁以子年爲最旺其次則午丑寅年酉戌亥年不利。

七一　五	三五　九（向）	五三　七
六二　六	八九　四	一七　二
二六　一	四四　八（山）	九八　三

（陽宅）宅外山水用神與陰宅同內門、房門、灶門開坎方者主旺丁發財並出文人且有貴人相助其次則南方及東北方均吉切忌兌方損丁敗財。

（造葬）本山五行屬火合局與丙壬同午年爲太歲子年爲七煞申子辰年月爲坐煞寅午

戌年、月、爲向煞。五黃與前同均不通。

● 中元四運未山丑向圖解

（陰宅）本山向四綠令星顚倒上山下水向首一四同宮。有山有水均主大發。坐山切忌龍

```
一 四
七 六 九
　 三
五 二 八
```

```
八 二
五 四
七山向九
一 六 三
```

```
三 六
九 二 八 五
　 七
四 一
```

實實則旺氣受尅丁口欠寧能坐空者方主吉震宮聚水。

巽宮明堂甲申甲寅四十年大旺乾宮輔星有水爲當惟不

若上元之吉坎、兌宮宜靜不宜動此山有屬牛屬虎生人最

利流年添丁以丑寅卯午年最旺戌亥子年平平餘則主凶。

（陽宅）宅外山水用神與陰宅同內門、房門、灶門。在艮宮者上吉富貴可必坤震宮次之離、

兌宮最不利如安神位取門路走艮宮者合宅平安

（造葬）本山五行屬土取土局爲旺火局爲生扶未年爲太歲丑年爲七煞申子辰年月爲

坐煞寅、午、戌年月、爲向煞遇八白入中宮爲年五黃均不通。

●中元四運坤山艮向圖解（申寅同）

（陰宅）本山向四綠令星到山到向坐山一四同宮水來生木旺上加旺可卜瓜瓞綿綿兼

```
三八        八三        一四
三二九      四  七       一六 五
 七四     一山 向 九二     八 六
```

多秀士若龍身偏斜則美中不足甚爲可惜向首當取水來

三叉主發財祿倘見房屋橋梁旺氣受制丁財欠寧兌宮有

水再後二十年大旺乾宮小水爲吉離、巽兩宮不宜過動震

宮之水乾宮之山均主不利生命當以屬羊屬猴人最利流

年添丁亦以此二年最旺次則酉年餘則不旺。

（陽宅）宅外山水用神與陰宅同內門、房門、灶門、在坤宮者。

大發丁財遇事呈祥兌宮亦吉艮宮以不雜爲利如有歪斜不正或高矗者在前則不利。

（造葬）本山五行屬士合局與未丑同立申寅者本山五行屬金取金局爲旺士局爲生扶

申年爲太歲寅年爲七煞亥、卯、未年月、爲坐煞巳、酉、丑年月、爲向煞八白入中宮爲五黃忌

之為妥。

●中元四運庚山甲向圖解

（陰宅）本山向四綠令星到山到向故向首宜水坐山宜龍四九為友最主吉利丁財兼優。

一九五
六　　四九
五一

八七二
四　　二向六山
九　　一六

三七三
二八
七三八

乾宮有來龍坤宮有三叉聚水者交甲申甲午二十年旺財

發丁坎宮文武交媾能有秀水峻嶺主出聰明俊秀之士艮

宮八三為朋動亦主吉惟離宮忌水巽宮忌山有則煞氣重

重諸事欠寧有屬鼠屬兔屬雞者最利流年添丁亦以酉子

卯年最旺戌亥丑寅年亦吉其餘則否

（陽宅）宅外山水用神與陰宅同內門房門灶門在坎震宮者最利可卜丁財並茂其次則

乾坤艮宮最忌離宮主多肺病小口不利少女淫蕩

（造葬）本山五行屬金取金局為旺土局為生扶亥卯未年月為夾煞巳酉丑年月為向煞

不利。申、子、辰、寅、午、戌年月大通遇三碧入中宮爲五黃不宜動作。

● 中元四運酉山卯向圖解（辛乙同）

（陰宅）本山向四綠令星顛倒應宜坐空朝滿向首四九爲友當取山龍爲上吉遇水則稍

一三	六八	八四
八六	四　二向　六山　九　二七	五七　三
三一　五	二四　九	七九

遜惟不至大凶坐山八白遇山則下元主旺有水則當元卽

發故本山向顛倒與其他顛倒微有輕重在我變通用之自

無不可艮宮五黃爲將來之生氣主甲申甲午二十年大旺。

能有靜水則應離宮雖爲零神而兩吉會合有秀水峻嶺

出文武全才巽宮一白爲將來之補救有之亥之水卽應有

山亦吉坤宮山水均屬無妨最忌坎宮之水乾宮之峯爲本

運之煞氣動卽遭咎流年添丁以卯、酉、午年最利戌、亥、子年最凶

（陽宅）宅外山水用神與陰宅同內門房門、灶門開在兌宮者最吉可主旺財次則離宮艮

宮巽宮均能得利在坎宮者最凶其餘各宮平平

（造葬）本山五行屬金取金局為旺土局為生扶木局為財均吉酉年為太歲卯年為七煞。
己酉丑年月為向煞亥卯未年月為坐煞三碧入中宮為五黃切忌動作惟申子辰寅午戌
年大通。

● 中元四運戌山辰向圖解

（陰宅）本山向四綠令星會合坐山有水則旺財有山則旺丁能並見則為全美立穴時隨

```
一八　九　　八七　一　　三六　二
六三五　　　四三五山向九　　二七一
　四　　　　九九八　　　　　七二六
```

地佈置可也向首二六一為衰氣一為零神均屬無用能靜

為美兌宮為將來之生氣有靜水為最佳總以小為和平艮

宮為本運之零神又為輔星尚可為用二者相較有水可主

甲辰甲寅二十年大旺離宮則煞氣相侵切忌水光震宮貪

狼補救之星水取小者為上坤坎二宮靜則無妨中央木土

相尅本命有屬五黃者必主不利流年添丁以戌亥年最旺

酉年亦吉其餘平平。

（陽宅）宅外山水用神與陰宅同內門、房門、灶門宜開乾宮旺氣為最吉可主財丁兩旺。

兌二宮亦屬無妨。切忌離巽坤三宮或主多病或損小口或多目疾。

（造葬）本山五行屬土取土局為旺火局為生扶水局為財主吉戌年為太歲辰年為七煞。

已、酉、丑年月為向煞亥、卯、未年月為坐煞遇四綠入中宮年為五黃忌動作。

● 中元四運乾山巽向圖解（亥巳同）

（陰宅）本山向四綠令星交會向首適臨本宮旺地最易發福為本運最當令之旺向用之

四　四 / 三	九　八 / 八	二　六 / 一
三　五 / 二	五　三 / 四（山向）	七　一 / 六
八　九 / 七	一　七 / 九	六　二 / 五

配合定卜丁財大旺名利兩全向首如有來源案山其吉可

操左券即其勢稍弱者亦主小發坐山雖為零神而為時已

近有龍可主發丁震宮當取小水在穴目光如見當取方正

圓靜為妥暗水為最好坤宮有水將來亦能召吉兌宮應取

明堂有山及高矗破碎之形者其凶頗烈坎宮有形與此同

論離宮輔星自能召吉艮宮能靜最佳如墓形高聳有五黃

命宮不利流年添丁以辰、巳、戌、亥年次之。

（陽宅）宅外山水用神與陰宅同內門、房門、灶門、開在巽宮者富積千倉文士呈祥次則震、坤、離宮切忌坎艮二宮主多凶禍丁口欠寧。

（造葬）木山五行屬金取金局爲旺土局爲生扶立亥山巳向者本山五行屬水取水局爲旺金局爲生扶亥年爲太歲巳年爲七煞寅午戌年月爲坐煞申子辰年月爲向煞四綠入中宮爲五黃均不通。

●中元四綠運結論

巽卦位居東南數屬四星屬文曲五行屬木轄中元甲子甲戌二十年以五黃爲生氣六白爲零神四五六四三二又爲三般卦之用神用於秀水峻嶺之處必出文人功名兩全其失運也反爲賊丐風流好色之星當其主宰之時勢必文風大盛世界大同尊尚美術惟多風災。

談氏三元地理大玄空路透卷五終

談氏三元地理大玄空路透卷六

三元奇術研究社主任武進浩然談養吾著

● 中元五運壬山丙向圖解

（陰宅）本山向五黃令星顛倒例應坐空朝滿惟按諸五黃一星、為九星中最惡之凶神惟

```
二七      九        四八
  六      五四       三七
七三    一九 向      八
二一    山 一        四三
  六二    一六
```

在本運當令時可用出運稍衰卽欲為禍故本運立山向令星處用神均取和平者為吉與其他元運為不同特提出之。

以為後學者之研究耳向首小水小山均吉坐山來龍水口均旺坤宮為將來之生氣最以水法浩大為貴震宮尚以靜為是巽宮小水無妨兌宮有水主多疾病乾宮為中元補救之吉星用之最利流年添丁以子午年最旺其餘均衰。

（陽宅）宅外山水用神與陰宅同內門、房門、灶門、在巽離坤宮為最吉坎宮本為旺星亦主大利惟出運時宜注意震宮雖為三般之內尚不可用兌宮開門者主多內病。

（造葬）本山五行屬水取水局為旺金局為生扶寅午戌年、月、為夾煞申子辰年、月、為向煞。

九紫入中宮為五黃不宜動作。

● 中元五運子山午向圖解（癸丁同）

（陰宅）本山向五黃令星到山到向不犯上山下水理宜坐山有龍或房屋高阜以應旺氣。

三　二
四

二　七　六
　　八七　八九

九　五
六　一山　四
　　　九向
五　一

四　一　二
二　三　二
八　七　六

（篇）

向首取水朝或靜潭為最佳艮宮為六白武曲之星又為將來之生氣此卦當取大水交甲辰甲寅二十年大旺可主名利兩全為當事之領袖巽宮水勢以小為利堪作上元之補救。兌震宮不宜稍動定多破敗此外倘平平流年添丁以子、午年最旺丑寅年亦旺其除如坤宮有探頭砂失運恐生小

（陽宅）宅外山水用神與陰宅同內門房門、灶門開在坎、離、艮三宮為吉巽宮貪狼亦吉切忌震宮兌宮一犯多病一犯損小口破敗必多。

（造葬）本山五行屬水合局與壬丙同。子年爲太歲午年爲七煞水局年爲向煞火局年爲
坐煞九紫入中宮爲五寅均忌動作惟金木兩局年大通。

● 中元五運丑山未向圖解

（陰宅）本山向五黃令星到山到向坐實向空乃爲合格惟龍與水均不宜過旺以和平爲

二五　　九四七　　四九三
七六九　五八二向　三四一
六七一　八山一三六　八五八

利震宮文星會合有秀水者。雖爲衰氣亦主文士連綿坎宮
無水則不合補救有則甲辰甲寅二十年定可大旺立穴時
最宜留意者此也離宮有水則殺氣重重必多刑傷且出淫
邪乾宮雖爲人元之輔星而會合非偶小水爲合兌宮切忌
有動動輒不利血症火災難免流年添丁以丑寅卯未申年
爲旺酉午年最凶命宮有乾六巽四者必主夭折。

（陽宅）宅外山水用神與陰宅同內門房門、灶門開艮坤坎宮爲吉在震宮者稍遜惟主產
生文士切忌離、兌兩宮諸事違意丁口欠寧。

（造葬）本山五行屬土取土局爲旺火局爲生扶丑年爲太歲未年爲七煞寅午戌年、月、爲坐煞申子辰年月爲向煞二黑入中宮爲五黃動作欠寧。

● 中元五運艮山坤向圖解（寅申同）

（陰宅）本山向五黃令星顚倒例應坐空朝滿若坐實朝空即爲上山下水主是非顚倒。

七	三	五
六	八	一
二	四	九

四	九	二向
三	五	七
八山	一	六

三	七	五
四	二	九
八	六	一

衰財薄離宮當取三叉水口愈大愈旺能一卦清純交甲辰、甲寅二十年定卜財帛大旺巽宮爲人元兼取天元之吉星、有水爲是有山則用非其時震宮有山尚可有水則生氣受尅兌宮文星會合有天然之佳山秀水定有發科之日乾坎、兩宮衰氣重重動輒遭咎本山向如坐山向首有禿頭形居時定出僧尼宅母不利命宮有三四木命者不利流年添丁。

（陽宅）宅外山水用神與陰宅同內門房門灶門宜開艮離兌宮爲利主出修士並可旺財。以午酉年爲利未申丑寅年雖亦主添丁究屬不美。

在坎宮、震宮者血症損丁諸事欠寧。在坤宮者本能主吉至吉最衰時反主添丁不育。

（造葬）本山五行屬土合局與丑未同。立寅山申向者本山五行屬木取木局爲旺水局爲生扶寅年爲太歲申年爲七煞巳酉丑年月爲坐煞亥卯未年月爲向煞二黑入中宮爲五黃均忌動作。

●中元五運甲山庚向圖解

（陰宅）本山向五黃令星顚倒如向首有水即爲下水且九紫火氣甚熾定多不吉有山即

四（二六）	九（七二）	二（四九）
三（一五）	五（七向 山三）	七（五九）
八（六一）	一（八三）	六（四八）

爲旺氣受用吉利無比坐山有山即爲上山本主不利惟坐山適値中元輔星故有山有水均能合吉巽宮爲生氣水來曲屈可主旺財艮宮文武交會龍來水來可卜興旺屆時名震璟宇可無疑也坎乾坤三宮稍動尙能召吉惟離宮二七爲火爲當元之死氣見形見氣遇專皆凶流年添丁以丑寅卯年最旺酉戌亥子年尙吉午年最凶有三碧命宮者必死

聽瑩堂藏版

無疑。

（陽宅）宅外山水用神與陰宅同內門、房門、灶門宜開艮宮者最利震宮在本連主旺出連

即凶或在巽宮亦利如在兌、離宮者或主血症心痛並犯火災。

（造葬）本山五行屬木取木局爲旺水局爲生扶已、酉、丑年、月爲坐煞亥、卯、未年、月爲向煞。

七赤入中宮爲五黃不宜動作。

● 中元五運卯山酉向圖解（乙辛同）

四八	九三	二六一
三 五九	五 七向　山	七 一五
八 九四	一 二　七	六 二

（陰宅）本山向五黃令星到山到向。生入尅入爲旺向首朝

水當元即發坐山龍身宜正可主旺丁如若坐空則丁旦欠

寧乾宮爲次連旺氣能有之玄之水到堂交甲申甲午二十

年財旺千萬最能悠久坤宮聯珠相遇貴子連生離艮兩宮

交合爲朋惟時已稍衰不能召吉亦不見凶坎宮切忌見形

見氣腹疾宅母幼房均主欠甯流年添丁以卯、酉、申年最

三

旺性剛聰敏超人一等此山如八方用神配合妥善可主三元盛利。

（陽宅）宅外山水用神與陰宅同內門、房門、灶門、在坤宮者爲本運輔星在兌宮者爲本運旺氣在乾宮者爲本運之生氣均主吉利切忌坎、震兩宮此外尚屬平平。

（造葬）本山五行屬木合局與甲庚同卯年爲太歲酉年爲七煞巳酉丑亥卯未年月均不通惟申子辰寅午戌年月方可動作五黃與甲庚同論。

◎中元五運辰山戌向圖解

二 七九	九 九二	四 五七
七 二四	五 四六（山向）	三 六八
六 三五	一 八一	八 一三

（陰宅）本山向五黃令星到山到向確合水裏龍神不上山。

山上龍神不下水之旨故向首有水坐山有山各得其用本運下、財均旺坤宮火金相尅有形有氣則凶禍頻生血症瘰病火災不免離宮亦爲凶神不能稍動此山水裏生氣入中。無法補救七赤雖爲三般內之用神而此時萬不可用當取震宮龍身正厚以補不足坎宮貪狼以補悠久則吉氣疊疊。

亦主大旺流年添丁以戌亥子卯年為最旺未申年最凶。

（陽宅）宅外山水用神與陰宅同內門房門灶門開在乾坎兩宮為最吉其次則震兌二宮。切忌坤宮離宮損丁破財凶禍不止立宅時尤宜注意。

（造葬）本山五行屬土取土局為旺火局為生扶辰年為太歲戌年為七煞巳酉丑年月為坐煞亥卯未年月為向煞六白入中宮為五黃切忌修造。

◉ 中元五運巽山乾向圖解（巳亥同）

四三五	九一八	二三
三四	五 六四 山向	七六八
八七九	一二	六五七

（陰宅）本山向五黃令星顛倒坐空朝滿最為緊要向首兌七交作凶上加凶如有水光或破碎之形者橫禍連生不特損丁破財巳也坐山如寶尚不大凶兌宮文武呈祥動能召吉離宮有天元生氣尤為勝利坎宮有山高蠱無情主生日疾艮宮有山有水則是非橫生回祿血症難免如有七赤金命者必主夭折流年添丁尚以午酉兩年為利戌亥丑寅年

最凶。

（陽宅）宅外山水用神與陰宅同內門、房門、灶門開在巽宮者本運可旺離宮、兌宮震宮凶吉可產文士並主旺財在乾艮兩宮者凶不可言或至人丁絕滅。

（造葬）本山五行屬木取木局爲旺水局爲生扶立巳山亥向者巳年爲太歲亥年爲七煞。申、子、辰年月爲坐煞寅、午、戌年月爲向煞六白入中宮爲五黃均不通惟酉、丑、卯、未年爲大通。

●中元五運丙山壬向圖解

（陰宅）本山向五黃令星顚倒應宜坐空朝滿旺星得令可卜旺丁旺財向首又有乾六生氣交會然五黃雖爲旺氣兩兩相較則尙以六白爲吉用山不如用水聽其下水可也且兼合打刧之法尤占優勝坐山亦可不拘坤宮雖爲稍遠之生氣比之其他星神當然不同此時尙不能用故以靜爲全美巽震兩宮吉凶參半當取輔星爲安舍此則均屬凶神避之爲是兌乾宮亦宜取靜艮宮則雖衰無妨流年添丁還以子午兩年爲利其餘則否命宮有九

二七（六）　九五（四）　四九（八）

七三（二）　五一（五）山向　三八（七）

六一（一）　一六（五）　八四（三）

紫者不利。

（陽宅）宅外山水用神與陰宅同內門、房門、灶門宜開坎宮。

最爲全吉其次則艮宮坤宮乾宮最凶寡居損丁不免。

（造葬）本山五行屬火取火局爲旺木局爲生扶申子辰年、

月爲坐夾煞寅午戌年月爲向煞一白入中宮爲五黃均爲

不通惟巳、酉丑亥卯、未年月、大通。

● 中元五運午山子向圖解（丁癸同）

（陰宅）本山向五黃令星到山到向故向首宜水坐山宜山方爲山水各得其宜坐山又有

六白生氣不特坐實爲是即或坐空亦主大旺能有山有水則兩得其宜矣乾艮兩宮切忌

見水一爲火星一爲破軍動則爲殃巽震兩宮亦以靜爲最佳坤宮尚可不論兌宮宜稍動

爲善有山則忌之如有九紫命宮受尅欠甯有二黑者亦凶流年添丁以子、午年爲利餘均

不奇。

四 二	九 五六	二四
三 三	五 九一（山向）	七八
八 六七	一四	六 八九

●中元五運未山丑向圖解

（陰宅）本山向五黃令星到山到向山管山水管水坐實朝空當運大發反之則病困連綿。

（造葬）本山五行屬火合局與丙壬同午年為太歲子年為七煞申子辰年月為坐煞寅午戌年月為向煞一白入中宮為五黃均不通惟巳、酉、丑、亥、卯、未年月方可動作。

艮主肺病在巽主脾胃病一定之道也

（陽宅）宅外山水用神與陰宅同內門、房門、灶門宜開坎宮、離宮為最利巽乾艮三宮最凶其餘宮尚可在乾主目疾在

兌宮為將來之生氣雖交會不善當用水不用山自可召吉反之則生氣受尅交甲辰甲寅二十年必敗乾宮巽宮宜靜震宮文星交合又為人地兩元之輔星有秀水峻嶺文士呈祥。

離宮有水則為衰氣有山則為煞氣卯命人合著旺星者必發流年添丁以丑寅未申卯年為最旺其餘則否。

●中元五運坤山艮向圖解（申寅同）

（飛星盤　坤山艮向　運五）

```
二五二　　九七四　　四三九
七九六　　五二八　　三四一
　　　　　（山）（向）
六一七　　一六三　　八八五
```

（陽宅）宅外山水用神與陰宅同。內門、房門、灶門宜開艮宮為旺。兌宮亦吉。最好則為震宮。切忌乾坤巽宮。坎宮主多肝氣病。

（造葬）本山五行屬土。取土局為旺。火局為生扶。未年為太歲。丑年為七煞。申子辰年月為坐煞。寅午戌年月為向煞。八白入中宮為五黃。均不通。

（陰宅）本山向五黃令星顛倒。坐空朝滿乃為全美。如向首有水者。宅母多傷。病符淹延。坐山則尚可勿論。震宮無水則甲辰甲寅二十年必敗。有山則更凶。巽宮乾宮不宜見水。離宮取龍為旺。坎宮則水吉山凶。兌宮不論山水房屋橋梁紅色高矗之形。均吉。能有屬雞生人。命宮又合生旺者其吉必應流年添丁。尚以未申丑寅年為旺。惟所產生者志剛而暴不如酉年生者為美。

（陽宅）宅外山水用神與陰宅同內門、房門、灶門宜向兌宮者最利在坤宮者當運亦吉出運則否其次則震宮生氣亦利切忌乾巽兩宮諸多不利。

（造葬）本山五行屬土合局與未丑同立申寅者本山五行屬金取金局爲旺土局爲生扶申年爲太歲寅年爲七煞亥、卯、未年月爲坐煞巳酉丑年月爲向煞八白入中宮爲五黃。均忌動作。

● 中元五運庚山甲向圖解

```
二五　｜　　｜　八          九　｜三六          四　一　七
七一　｜　　｜　四          五八｜一四          三　｜九六
　　　｜六　｜三九          　一｜七　          八　｜五二
                              （山・向）
```

（陰宅）本山向五黃令星顚倒當取坐空朝滿之地方可立穴否則用非其宜必多破敗向首兼有一白貪狼當人元時取之爲利故有水亦爲無妨惟坐山則不能假借艮宮文武交合并爲將來之用神大水高山最爲得令欲求富貴功名舍此沒由坎乾兩宮會合和平晃形無妨惟坤巽兩宮凶星交併忌之爲安流年添丁以卯酉及丑寅年最旺如有屬牛屬馬

聽聽堂藏版

二九　四
七九　五
六八　四

九二　七
五三向　七山
一三　八

生人兼能命宮配合生旺者其人榮華富貴無比矣。

（陽宅）宅外山水用神與陰宅同內門、房門、灶門開在震、艮、兩宮為最利切忌巽、離、坤三宮脾胃病肺病心病有所不免。

（造葬）本山五行屬金取金局為旺土局為生扶亥卯未年、月為坐煞巳酉丑年月為向煞三碧入中宮為五黃動作忌之。

● 中元五運酉山卯向圖解（辛乙同）

四六　二
三五　一
八一　六

（陰宅）本山向五黃令星到山到向坐實朝空乃為用得其宜如向首有尖銳之形高蠢於前必主火災或出瞎子坤宮無山無水則用神不得其所交次運即失敗離巽二宮小山水無妨乾宮病符坎宮破軍艮宮火星均宜不動為善動則凶禍頻生女丁欠富命宮有乾六者必大發流年添丁以、酉、卯、未、申年最旺戌亥子丑寅年大凶。

（陽宅）宅外山水用神與陰宅同內門、房門、灶門、在震、巽、坤宮為合在乾、坎、艮宮者大凶破

二　六

九
三八

四
四八

七
一五

五
三向
七山
一二

三
五九
八四

六　二

一
二七

八
四九

● 中元五運戌山辰向圖解

財傷丁綿綿而至作者慎之。

（造葬）本山五行屬金合局與庚甲同。酉年爲太歲。卯年爲

七煞三碧入中宮爲五黄凶。忌動作惟申子辰寅午戌年月、爲大通坐煞向煞與庚甲同論。

（陰宅）本山向五寅令星到山到向當取坐龍向水爲上吉向首凶星交會如有高樓橋梁。蠱立於前者凶事疊至坤宮離宮凶星得勢切忌見形見氣火災損丁血症女丁不利最要者惟震宮一卦不可稍忽艮宮亦爲人元兼取之輔星坎宮交會吉利均當安置妥洽方主丁財兼發如左邊無力右邊反動者家道絕滅甚可慮也流年添一以㷁亥子丑寅卯年爲旺午未申年大凶。

●中元五運乾山巽向圖解

二九七	七四二 六	六三
九二五	五　四向　六山	一八
四七五	三八六	八三一

（陽宅）宅外山水用神與陰宅同內門、房門、灶門、宜開震、艮、兩宮為上吉可卜旺丁發財巽宮雖為旺氣不如棄之為妥。

離坤宮如有門戶者其家必絕凶禍不堪設想矣。

（造葬）本山五行屬土取土局為旺火局為生扶。歲辰年為七煞巳酉丑年月為向煞亥卯未年月為坐煞四綠入中宮為五黃動作忌之為妥。

（陰宅）本山向五黃令星顛倒坐空朝滿理所當然向首有水即為衰氣坐山不空則七赤雖在三般之內尚宜避之兌宮坤宮能有之玄之水光明如鏡者發福悠久可成豪富離宮能有山峯為佳震艮坎宮切忌見形見氣主多破敗立穴時最宜留意如命宮有陰星者最不利流年添丁以午未申酉年為旺戌亥子丑寅年大凶。

（陽宅）宅外山水用神與陰宅同內門房門灶門開在坤、兌兩宮為最旺離宮亦可、切忌震、

二三　　七六　　六五
　　　　　八　　　七

九　　　五　　　一
一八　　四六山　二九
　　　　　　　　向

四　　　三四二　八九七
五三

○中元五黃運結論

艮、坎三宮乾宮惟在本運可用還以避之爲上。

（造葬）本山五行屬金取金局爲旺土局爲生扶立亥山巳

向者本山五行屬水取水局爲旺金局爲生扶亥年爲太歲。

巳年爲七煞寅午戌年月爲坐煞申子辰年月爲向煞四綠

入中宮爲五黃均忌動作。

五黃位居中央。統轄九宮有帝皇之氣象數屬五星屬廉貞五行屬土丼屬火星其性癡而

烈凶多吉少在其得令時猶恐召凶失令時無可用之地如交會凶星則更甚得令時可旺

田宅失令則黃病腹疾外症枉死不免以五四三五六七、爲三般卦之用神二黑八白等堪

爲零神當其主宰之時或成帝制天下一統反之則各霸一方黑籍又恐大盛。

談氏三元地理大玄空路透卷六終

談氏三元地理大玄空路透卷七

三元奇術研究社主任武進浩然談養吾著

◉中元六運壬山丙向圖解

（陰宅）本山向六白令星會合坐山有山有水當運即發。向首一為衰氣。一為生氣。例可作

三	八	一
七 五	三 九	五
	七 二	

一	六	八
七 五	一 向	
	山 二	六

五	四	九
三 九	八 四	
	九	八 四

為用神惟二者均為凶神還以靜為最善坤宮與向首同論。

本運當遠取八白輔星為妙震宮如有明堂三叉必能召吉。

財帛大發乾兌宮亦以靜為宜艮宮動靜可以不拘有龍更妙巽宮亦以靜為安流年添丁以子、丑、寅卯年為旺午、未、申年最凶其餘平平。

（陽宅）宅外山水用神與陰宅同內門、房門、灶門開在坎宮者最能添丁旺財其次則艮震兩宮切忌離坤、兌、乾數宮主多破敗。

（造葬）本山五行屬水取水局為旺金局為生扶寅午戌年月為坐夾煞申子辰年月、為向

煞。遇九紫入中宮為五黃均忌動作。

● 中元六運子山午向圖解（癸丁同）

（陰宅）本山向六白令星交會向首兼有連盤一白到宮暗中受益能有聚水明堂當元大

```
四        八        四
三八      八四      四八
  六        七        九

一        六
六二    一山 向二    二七
          五

五二      一四      二九
五一      三九      五七
```

發坐山雖有生氣在初運時還似不用為好須至本運將盡
之時方可為用能一片靜土為吉兌宮水法愈大愈吉人元
兼貪之用法祇取巽宮有峯聊作補救坤宮亦同此論艮宮
本當取水然須在末運時用之乾宮不為全吉亦不大凶還
以靜而不動為利流年添丁以午、未、申、酉年為旺子、丑、寅年、
雖為生氣難免不遭其殃。

（陽宅）宅外山水用神與陰宅同內門、房門、灶門開在離宮為最旺其次則兌宮艮宮還以
不用為然口舌官非尚恐難免。

（造葬）本山五行屬水合局與未丑同子年為太歲午年為七煞寅、午、戌年、月、為坐煞申、子、

● 中元六運丑山未向圖解

（陰宅）本山向六白令星顛倒向首火金相剋切忌見水有水則旺氣受制財帛有損坐山

三九九	八四五	七五四
一四	六九三（向）	二五八
（山）六	九	一

金木相剋坐空則旺坐實則衰惟命宮有屬木者必主夭折。

離宮本爲生氣理應作爲用神惟以小水靜而無力者爲是。

坎宮當取大水交下元中運大發震宮爲補救之吉星宜改

水法爲利巽宮病符加臨不宜見水命宮有巽四者用之不

安定主天傷流年添丁還以戌亥子丑寅年爲利

（陽宅）宅外山水用神與陰宅同內門房門灶門宜開艮宮

爲旺其次則震坎兩宮乾宮雖爲零神尚屬無妨且交會得合可告平安巽離坤三宮避之

（造葬）本山五行屬土取土局爲旺火局爲生扶開年爲太歲某年爲十煞當於戌年、月、爲

坐煞。申、子、辰年月、爲向煞。二黑入中宮爲五旺動作忌之可也。

●中元六運艮山坤向圖解（寅申同）

（陰宅）本山向六白令星到山到向坐山宜有山龍則不畏燥火受尅向首面積寬廣一片

八四五	四八一	六六三（向）
七五四	九三六	二一八
三九九（山）	五七二	一二七

汪洋可兼收上元旺氣下元生氣財祿大旺毫無疑義故兌宮宜有三叉離宮應有明堂是也巽宮文昌會合雖爲本運之零神尚能主吉惟不若其得令時之爲更吉耳乾宮有水則腹病黃塊宅母多傷坎宮還以靜爲妥將交下元時用之則無妨本山向遇有木命人必多破敗流年添丁以未申丑寅年爲最旺酉戌亥子年主凶卯年亦不利。

（陽宅）宅外山水用神與陰宅同內門房門灶門開在坤宮最旺離宮兌宮亦吉最忌乾坎、艮宮脾胃肺腸病必至避之爲妥。

（造葬）本山五行屬土合局與丑未同立寅山甲向者本山五行屬木取本局爲旺水局爲

生扶寅年為太歲申年為七煞巳、酉、丑年月、為坐煞亥、卯、未年月、為向煞二黑入中宮為五黃動作忌之則吉。

● 中元六運甲山庚向圖解

```
三二    八六    七
 七            三七
一四   六八向   二三
 九    四山     二八
五九    四一
六一    九五
```

（陰宅）本山向六白令星到山到向故向首當取三叉明堂。

以助旺氣堪發財祿坐山文武交作坐實則為旺氣當元可

發坐空則為生氣人元兼取天元其吉稍緩並可產生文士。

乾宮破軍生氣小動主吉過大則禍烈而猛至次運方能稍

平坎宮三八雖屬為朋當取山舍水艮宮尚可不論坤宮死

氣壘壘最宜注意命宮有震三者不利流年添丁以卯、酉年

為旺未、申年最凶。

（陽宅）宅外山水用神與陰宅同內門房門、灶門開在兌震兩宮者貴子連生名利雙全其

餘傍六宮概可不取乾宮本為生氣還以不用為妥。

聽濤堂藏版

（造葬）本山五行屬木取木局為旺水局為生扶巳酉丑年月為坐夾煞亥卯未年月為向煞。七赤入中宮為五黃均忌動作。

●中元六運卯山酉向圖解（乙辛同）

三五　一　八六　七

二八　六四山　一向　四　二九

五三　四二　九七

（陰宅）本山向六白令星顛倒當取水龍為吉山龍則凶向首則雖為下水尚有天元之生氣有水亦可主旺此山當取向首一卦主持全局若專取巽宮生氣則美中不足須俟其將交下元時用之離宮山龍山崗均能召吉坎艮兩宮以靜為貴乾宮亦然坤宮尚可不論遇有一白命宮者受尅不利不得其用則否流年添丁以酉卯年為旺聰敏顯達武科發跡。

（陽宅）宅外山水用神與陰宅同內門房門灶門開在震兌兩宮者貴子連添財亦大旺乾艮離三宮避之為吉肝病心病有所不免。

（造葬）本山五行屬木合局與甲庚同。卯年爲太歲。酉年爲七煞。巳酉丑年、月、爲坐煞。亥、卯、未年、月、爲向煞，五黃與甲庚同論。

●中元六運辰山戌向圖解

```
三四    八九
  八      七      八
  三
        七向
          四
二三    六七
  二    五山
  六      五
  四七    九二
  五      一
五六
  六
四七
  五
九二
一二
```

（陰宅）本山向六白令星會合坐山本身如有來龍高峯當元即發向首爲下元生氣有三叉明堂屆時大發艮宮有水取曲屈爲吉交上元必旺補救之道是也離宮死氣相侵宜山忌水坎宮能靜爲妥否則肝氣足疾或犯火災所謂貪棟入南離是也兌卦可與坎宮類推添丁以辰巳年最旺戌亥、年亦應大旺在下元第二運尤旺子午年最不利。

（陽宅）宅外山水用神與陰宅同內門、房門、灶門開在巽、乾兩宮爲最旺艮宮亦吉切忌坎、離、兌三宮耗財傷丁避之則吉。

（造葬）本山五行屬土取土局爲旺火局爲生扶辰年爲太歲戌年爲七煞巳酉丑年、月、爲

〔一六七〕

坐煞亥、卯、未年月、爲向煞六白入中宮爲五寅修造動作均當避之。

● 中元六運巽山乾向圖解（巳亥同）

（陰宅）本山向六白令星會合向首所謂乾山乾向水朝乾峯出狀元是也。坐山能有暗

三二
八七五
七六

一九
六五七山向三
二一

五八四
四三九
九八四

（陽宅）

水亦下元補救之氣即龍亦利坤宮最當注意有之玄之水。

發福最久兌宮凶星交作以靜爲佳惟其力尚輕耳離宮尚

有尖銳之形或紅色山牆必犯回祿廳堂再煥可無疑矣坎

宮死氣有水避之有山則吉震宮不動不凶命宮有乾六者

大旺流年添丁以戌亥年最旺辰巳年亦利午年最不利

（陽宅）宅外山水用神與陰宅同內門房門灶門開在乾宮

者丁財俱發且出擎天之臣在兌則孕婦不利在坎則隔氣

在離則肝氣目疾均凶惟巽宮

（造葬）本山五行屬木取木局爲旺水局爲生扶立巳山亥向者本山五行屬火取火局爲

可用。

旺木局爲生扶巳年爲太歲亥年爲七煞申子辰年月爲坐煞寅午戌年月爲向煞五黄與辰戌同論。

● 中元六運丙山壬向圖解

```
三五    八九    七一
 八      七二
         二
三七    三九    二一向
                 二六
一五七  六二一山  二六
五九三  四四    九八四
```

（陰宅）本山向六白令星會合向首有山有水均吉坐山七赤生氣五黄衰氣在末運時當取之初交六運則不取坤宮宜山宜水與此論同因其爲九星最凶之神不可假借非其他生扶之氣可比作者神而用之艮宮當取三叉明堂乾宮亦然兌巽震三宮宜靜動則諸凶頻生以卦爻之五行生剋論之自無不應流年添丁以子年最旺丑寅卯年亦吉。

（陽宅）宅外山水用神與陰宅同內門房門灶門開在坎宮者旺財發丁諸事稱心艮宮亦吉乾宮亦無妨其餘則避之爲妥切莫貪生氣而開離門。

（造葬）本山五行屬火取火局爲旺木局爲生扶申子辰年月爲坐夾煞寅午戌年月爲向

煞。

一白入中宮為五黃忌修方建造。

● 中元六運午山子向圖解（丁癸同）

（陰宅）本山向六白令星會合坐山兼與天運合成聯珠有高山峻嶺三叉明堂均主大發。

三八　八四　　四
　八　　八七　　三
三四　　　　　九三

一六
六二一山二向二五七

五二一
四三九
九七五

向首有小水尚可坤宮大水為吉交下元甲申甲午二十年

必大旺兌宮有水尚可有龍則利乾宮則山水均主不利艮

宮還以靜為上震宮不宜稍動動輒遭殃巽宮為補救之一

星宜水忌山命宮有坎一者不利金墩不宜過高流年添丁。

以午年最旺末申酉年亦吉辰巳年尚可其餘則否。

（陽宅）宅外山水用神與陰宅同內門房門灶門宜開離宮。

定主財源大發瓜瓞綿綿秀士連生坤宮亦吉在乾者肝病

在艮者孕婦臟脹外症避之則

吉。

（造葬）木山五行屬火合局與丙壬同午年為太歲子年為七煞申子辰年月為坐煞寅午、

一七〇

戌年、月、爲向煞五黃與丙壬同論惟亥、卯、未巳、酉丑年月、大通。

●中元六運未山丑向圖解

（陰宅）本山向六白令星顛倒如坐實朝空即爲上山下水故向首宜出坐山宜水反之則

二八　五	七四　一	九六　三
一七　四	三九　六（山向）	五二　八
六三　九	八五　二	四一　七

不但龍神顛倒且多死氣得力諸事欠寧丁口財源均衰震

宮本爲生氣還以小水爲吉巽宮則三叉明堂廣大爲吉乾

宮有魁首文章之星有秀水高峯定出入傑兌宮離宮宜靜

動輒遭殃坎宮有龍主吉水亦無妨流年添丁以未申丑寅

年爲旺戌亥年辰巳年均吉午酉年最不利

（陽宅）宅外山水用神與陰宅同內門房門灶門宜開乾宮

最吉坤、巽兩宮亦利兌艮離三宮主凶。

（造葬）本山五行屬土取土局爲旺火局爲生扶未年爲太歲丑年爲七煞申子辰年月爲

坐煞寅午戌年月爲向煞八白入中宮爲五黃動作忌之則吉

◎中元六運坤山艮向圖解（申寅同）

（陰宅）本山向六白令星到山到向。坐山有龍向首有水旺氣得令定卜丁財兼優反之、即

三三　八七　一七
三六　七二　八

五五　一向　九向
一八　三山　二四
六三　　　　七

四一　四二　五二
五四　九　　六
　　　　　　九

駁削多而成功少長房宅主均不安兌宮七赤為本運之生

氣小用之則吉乾宮輔弼吉神有三叉水口財源必旺巽宮

文星曇曇兼收天元旺氣屆時財氣大旺貴子連添震宮二

五交加為本運之死氣動則損主外症孕婦多不利坎宮、離

宮均為衰氣避之為妥如有高山峻嶺血症女丁欠寧。

（陽宅）宅外山水用神與陰宅同內門房門灶門開在艮宮

者可主旺財欲產文士必開巽宮其次則乾宮震坤兩宮不利足疾膨脹難免不出。

（造葬）本山五行屬土合局與未丑略同立申山寅向者本山五行屬金取金局為旺土局

為生扶申年為太歲寅年為七煞亥、卯、未年月為坐煞巳、酉、丑年月為向煞八白入中宮為

五黃動土忌之。

◉ 中元六運庚山甲向圖解

（陰宅）本山向六白令星到山到向不犯上山下水。向首一六聯珠文武全才有形卽應。故

三七二	八六二	一 七三
一九四	六 八山四向	二八三
五九五	四一六	九五一

用得其神可發千金、午戌亥辰巳年欠霄。

當可作爲用神否則不合補救流年添丁以酉卯兩年最旺。

宮有水冲來瞎子心血頻犯巽宮宜靜艮宮爲兼貪之一星。

坤宮小水無妨坎宮則收廣大爲旺有山則凶肝病必出離。

、水光愈明其吉愈顯坐山又爲生入有高山房屋均主旺丁。

（陽宅）宅外山水用神與陰宅同內門、房門、灶門開在震宮者可發丁旺財並成功名豪傑。

次則艮坎兩宮其餘均見凶兆。

（造葬）本山五行屬金取金局爲旺土局爲生扶亥卯未年月爲坐煞巳酉丑年月爲向煞。

三碧入中宮爲五黃均爲不通惟申子辰寅午戌年月方可大造。

●中元六運酉山卯向圖解（辛乙同）

九　三〔七〕	四　六〔二〕	二　一〔九〕
一　二〔八〕	八山　四向〔六〕	六　八〔四〕
五　七〔三〕	三　五〔一〕	七　九〔五〕

（陰宅）本山向六白令星顛倒。向首為二黑死氣。如見水光則凶星得力病符淹延能有山峯方為全吉。坐山本應取水以助龍神，惟有上元吉氣卽使不空亦能召吉。艮宮例用水法，能有靜水小浜乃吉。離宮有山則凶，有水則吉。坎宮、乾宮、巽宮如有山水，則傷丁破財疾病連綿。流年添丁以卯、酉年最旺，午、未、申年均為稍遠之吉神，值年最能召吉。命宮有艮八者不利。

（陽宅）宅外山水用神與陰宅同。內門、房門、灶門開在兌宮者，主發財旺丁並出秀士。次則離坤兩宮亦利。震、巽、坎宮最凶，主多脾胃肝氣麻木等症。立宅時尤宜注意。

（造葬）本山五行屬金，合局與庚甲同。酉年為太歲，卯年為七煞，亥、卯、未年、月為坐煞，巳、酉、丑年、月為向煞。五黃同前論，切忌修造動作。

●中元六運戌山辰向圖解

（陰宅）本山向六白令星會合向首能有一卦清純之秀水峻巋明於前定卜丁財駿發。並出武夫坐山能有來龍交下元甲申甲午二十年大旺卽在本運亦主召吉坤離兩宮有水生吉有山主凶兌宮坎宮、艮宮會合非偶動主不利或出目病長房宅母不利命宮有坎一者欠寧流年添丁以辰巳年最旺次則午、未申年亦利。酉、丑寅年最凶。

三八 八九三 七八四

一二 六七五山向二 二三九

五六六 四五七 九二一

（陽宅）宅外山水用神與陰宅同內門、房門、灶門開在巽宮者定卜丁財大旺文武全才其次則離坤、兩宮兌宮艮宮丁財欠甯疾病淹延。

（造葬）本山五行屬土取土局爲旺火局爲生扶戌年爲太歲辰年爲七煞亥卯未年月爲坐煞巳酉丑年月爲向煞四綠入中宮爲五黃動作均避之。

心一堂術數古籍珍本叢刊　堪輿類　無常派玄空珍秘

● 中元六運乾山巽向圖解（亥巳同）

（陰宅）本山向六白令星會合坐山經云乾山乾向水朝乾乾峯出狀元惟此爲是向首零

```
三二   八 五七   七六
一九   六 五山七 向   二一
五四八  四九三   九四八
```

神宜有案山爲佳兌宮靜水。

水明堂可卜多財有山則破損不利坤宮大水者即所謂腹

多水而膨脹是也離震宮均宜不動爲妙如有傷殘主多目

疾有六白爲命宮者名震巽宇富積千倉流年添丁亦以戍

亥年最旺子丑寅年平平午未申年主凶

（陽宅）宅外山水生神與陰宅同內門房門灶門開在乾宮

者諸事如意名利雙全在坤、震宮者宅母多傷長房足疾。

（造葬）本山五行屬金取金局爲旺土局爲生扶亥山巳向者本山五行屬水取水局爲

旺金局爲生扶亥年爲太歲巳年爲七煞寅午戍年月爲坐煞申子辰年月爲向煞四綠入

中宮爲五黃動作諸事欠利。

●中元六白運結論

乾卦位居西北數屬六星屬武曲五行屬金運值中元轄甲辰甲寅二十年爲之六白運以

四綠爲零神七赤爲生氣其性剛烈而正武夫之象六七八六五四爲三般卦之用神用之

得當可致豪富名登魁首其失時也老父多殃肺疾頭風當其主宰之秋武風極盛豪傑遍

於天下邪說隱匿可成昇平之象。

談氏三元地理大玄空路透卷七終

談氏三元地理大玄空路透卷八

三元奇術研究社主任武進浩然談養吾著

● 下元七運壬山丙向圖解

（陰宅）本山向七赤令星會合向首有山有水當運均吉惟不宜過大坐山有八白生氣如

四五	九五		
九		八	
九	五九	四一	
二七	七二		
七		三	
	山 向	八	
三二	三	四	
六		五	一
二	一四	六	八

龍身高厚交甲申甲午二十年人丁大旺艮宮如有大水源

源而來定卜財源大發乾宮爲上元吉神用之可補悠久且

文星疊疊可主名利雙全如反之卽爲流道或主遺精洩血

兌宮本爲稍遠之生氣此時尚早能靜最佳坤宮衰氣交併

亦以靜爲貴震宮雖爲文星有不正之口反出賊丐巽宮切

忌見形見氣財以午年最旺過運卽敗流年添丁以戌亥子

丑寅年最吉辰巳未申年大凶。

（陽宅）宅外山水用神與陰宅同內門、房門、灶門開在離宮者本運可旺最吉者乾、坎、艮、三

宮可主旺財發丁秀士連添。巽宮坤宮避之則吉。

（造葬）本山五行屬水取水局爲旺金局爲生扶寅午戌年月爲坐夾煞申子辰年月爲向煞九紫入中宮爲五黃動作忌之可保太平。

● 下元七運子山午向圖解（葵丁同）

```
四 八        二 六        六 一
  六          八            四
九 四        七 二向      五 九
  一          三山          五
八            三 七        一 九
二 三
```

（陰宅）本山向七赤令星會合坐山有水有山均能召吉。其當旺而已若在本運將脫之時還以力量輕薄爲吉向爲首交會合宜有山有水均妥坤宮爲最要之關鍵得其神而用之。次運可主豪富巽宮兌宮交會各得其宜當舍四綠而取貪狼。宜山宜水作者分別用之可也。乾宮零神有水則衰氣得勢枯疾難免震艮兩宮均爲衰氣避之爲是。有小水則不至作惡。命宮有坎一、艮八者必大發流年添丁以辰、巳、午、未、申年最旺子年亦吉戌、亥、丑、寅、卯、年不利。

（陽宅）宅外山水用神與陰宅同內門、房門、灶門例應乘坎宮旺氣但不如乘坤宮生氣為吉他如離、巽兩宮雖非生旺亦能召吉乾艮震三宮忌之為上。

（造葬）本山五行屬水合局與壬丙同子年為太歲午年為七煞寅午戌年月為坐煞申子、辰年月為向煞九紫入中宮為五黃修造均忌之。

● 下元七運丑山未向圖解

四七　九三二　八二

二五九　七四一山向三三六八

六九五　五六八　一四一

（陰宅）本山向七赤令星會合向首故坤宮例取砂水乃為得令坐山為上元生氣有水為吉有秀水文峯主出豪傑坎宮為將來最吉之一星須有三叉明堂即可大發震宮取山。

與此同論即水亦不妨兌乾宮均為死氣。

切莫見形見氣巽宮雖衰惟不若乾兌之凶為大離宮本當取水然為時尚早還以靜為利中宮文星會合如墓形巍然。

亦主出秀流年添丁以子丑寅卯年為旺未申年亦旺酉戌亥年更凶。

（陽宅）宅外山水用神與陰宅同內門、房門、灶門開在坤宮者在本運主吉出運即凶在坎、

艮、兩宮最吉定卜丁財兼優兌、乾、兩宮損丁敗財諸事不安。

（造葬）本山五行屬土取土局為旺火局為生扶丑年為太歲未年為七煞寅午戌年月為

坐煞申子辰年月為向煞八白入中宮為五黃動作均不通。

● 下元七運艮山坤向圖解（寅申同）

```
    四一
  九  八六
  八    九五

    二八
  六
  七    四向
  一山  三
  三    五九

    六三
  二
  五    三二
  一    七
```

（陰宅）本山向七赤令星會合坐山坐實均能召吉最

吉者。向首一星為兼取上元最悠久之一星並能會合文昌

如砂水一卦清純者屆時名震四海富積千箱離宮為次運

之旺氣有明堂三叉者必發兌宮與離卦交會本同而用山

用水分別取之可也乾巽震三宮不能有山有水有則死氣

為用脾胃肝麻等症不止腹疾足疾相加坎宮以靜為合有

坤二命宮者必傷流年添丁以午未申年最旺丑寅年尚在其次。

（陽宅）宅外山水用神與陰宅同內門、房門、灶門開在艮宮者雖旺不久。在離、坤兩宮最吉。

可主旺財添丁且能聰敏非常在巽震宮者丁口難招。

（造葬）本山五行屬土合局與丑未同立寅山申向者本山五行屬木取木局為旺水局為

生扶寅年為太歲申年為七煞巳、酉、丑年月為坐煞亥、卯、未年、月為向煞二黑入中宮為五

黃。一概不能動作。

● 下元七運甲山庚向圖解

（西）坤	（南）離	（東南）巽
二 **四** 三	九 **二** 五	四 **六** 一
（兌）七 **九** 七	（中）五 **七** 九 〔山向〕	（震）三 **五** 二
（乾）六 **八** 八	（坎）一 **三** 四	（艮）八 **一** 六

（陰宅）本山向七赤令星顛倒例應坐空朝滿令星得所。可

主添丁旺財反之則坐山零神得勢丁口欠寧向首又為死

氣臌脹寡居不輟立穴時不可不慎乾宮聯珠相遇有山水

用神發福悠久巽宮為將來之生氣有三叉明堂大吉艮宮

有龍召吉有水則凶事頻生殘足長房不利離宮雖合為友。

均屬衰氣不用為妥坎宮亦然命宮有坎一者為利震三者

聰聽堂藏版

欠窜流年添丁以戌亥辰巳年為旺酉卯年亦吉。

(陽宅)宅外山水用神與陰宅同內門房門灶門開在乾巽兩宮者為上吉震宮不過為旺氣本運無妨出運即凶恐丁口不招喉症頻生。

(造葬)本山五行屬木取木局為旺水局為生扶巳酉丑年月為夾煞亥卯未年月為向煞。

七赤入中宮為五黃動作均忌之。

● 下元七運卯山酉向圖解（乙辛同）

八（四八）	九（三七）	四（八三）
三（九四）	七（五山九向）	二（一五）
一（二六）	五（七二）	六（六一）

(陰宅)本山向七赤令星到山到向首尅入為旺有三叉明堂者本運主發如有案山房屋等形則凶禍立至坐山生入本為旺氣切忌有水寡居難逃最要者取乾宮之玄之水。交甲申甲午二十年大旺巽宮取其補救有秀氣者定卜功名富貴坤宮有龍尚吉水則不利坎宮忌水艮宮忌山有一白命富者主凶三碧者亦不利流年添丁以戌亥辰巳年為

利。卯、酉年亦吉子、午、未、申年凶。

（陽宅）宅外山水用神與陰宅同內門、房門、灶門開在乾、巽兩宮者旺丁發財兌宮旺氣亦

可云吉坤、離、震三宮土本死氣避之為吉

（造葬）本山五行屬木合局與甲庚同卯年為太歲酉年為七煞亥卯、未年月、為向煞巳、酉、

丑年月、為坐煞七赤入中宮為五黃修造忌之為妥。

● 下元七運辰山戌向圖解

```
四      九      二
九二    四六
二      七      九
二四    六山    八向
六      五      一
七九    八一    三五
```

（陰宅）本山向七赤令星到山到向。坐實朝空之地方可立

穴。正神得所自可主吉若向首有山龍橋梁房屋者孕婦繰

夫財帛耗盡坐山有水光者旺氣受制血症、火災連綿不止。

太歲到宮其禍勃發八白生氣入穴當取震宮貪狼輔星以

補悠久當有高山大水丁財驟發可操左券坎、坤、艮、離四宮。

切忌見形見氣盜賊乞丐女丁不利命宮有一白者吉流年

聰聽堂藏版

玄空路透

添丁以卯年為最得利戌亥辰巳年亦吉其餘即凶。

（陽宅）宅外山水用神與陰宅同內門、房門、灶門開在震宮者財源大旺丁口連添乾宮雖

為旺氣所不及也坤、坎、離、艮均不宜取。

（造葬）本山五行屬土取土局為旺火局為生扶。辰年為太歲戌年為七煞巳、酉、丑年、為

坐煞亥、卯、未年月，為向煞六白入中宮為五黃動作忌之則吉。

●下元七運巽山乾向圖解（巳亥同）

六　五七	二　三一	四　五三
五　四六	七　六山八向	九　一八
一　二九	三　二四	八　七九

（陰宅）本山向七赤令星顛倒。坐空朝滿尚能召吉如偶一

不慎而反之則旺氣受制損丁破財吐血囙祿目瞎孕婦均

所不利最要者厥惟兌宮貪狼生氣有山有水愈大吉否

則交上元脫氣恐致絕滅震宮文武交作有水則吉此外如

艮坎離坤四宮衰死疊疊稍動即凶命宮以八白一白為利

二黑者受制流年添丁以酉年最旺卯年次之辰、巳、戌亥年。

雖旺不取其餘均凶。

（陽宅）宅外山水用神與陰宅同。內門、房門、灶門開在兌宮者必定了財大發巽宮亦吉離、艮兩宮最不利損丁敗財並生小竊。

（造葬）本山五行屬木取木局為旺水局為生扶立巳亥者。本山五行屬火取火局為旺木局為生扶巳年為太歲亥年為七煞六白入中宮為五黃動作忌之。

● 下元七運丙山壬向圖解

四 五九	九 五／九五	八 一四
二 七	七 三二 山 三 向	三 六八
六 三二	五 四一	一 八六

（陰宅）本山向七赤令星會合坐山如來龍端正並有山峯高阜者本運人丁大旺向首生氣飛到正合打刧之旨有三叉、明堂來水、城門者財源大旺交甲申甲午二十年必應艮宮有山與此同論震宮為天元吉氣會合文星科第可應名震宇內乾宮雖會合相同巳屬死氣取山為吉興宮兌宮坤震宮有山有水均主欠寧此卦能靜乃為全美有二黑命宮……

必傷。流年添丁以子、卯年爲最旺午年亦吉辰巳年最凶。

(陽宅)宅外山水用神與陰宅同內門房門灶門開在坎、震兩宮最吉離宮旺氣亦吉巽、兌、坤、乾宮忌之爲吉否則丁財俱傷疾病連綿。

(造葬)本山五行屬火取火局爲旺木局爲生扶申子辰年月爲坐夾煞寅午戌年月爲向煞。一白入中宮爲五黃修造均忌之。

● 下元七運午山子向圖解（丁癸同）

```
八六      四一      三二
 四        九        八

六八    二三(山向)    七
 二        七        三

一四      九五      五九
 六        五        一
```

(陰宅)本山向七赤令星交會向首有山有水均吉惟七赤爲破軍凶神當運時尚能爲凶失運時則甚更故向首之水還以力量較小者爲吉過大則反變爲凶坐山有水主甲申甲午二十年大旺艮宮本爲稍遠之生氣此時尚早不用爲安兌宮有之亥之水上元大旺如若反射變爲流道卽凶坤宮有龍有水均吉巽宮有山爲吉乾、艮、震宮死氣交作宜靜

不宜動。流年添丁以子午、酉年為旺辰、巳、未、申年次之。戌、亥、丑、寅、卯年為凶。

（陽宅）宅外山水用神與陰宅同。內門房門灶門開在離宮、兌宮為上吉坎宮雖旺為次乾宮病符震宮廉貞均不利。

（造葬）本山五行屬火取火局為旺土局為生扶午年為太歲子年為七煞申子辰年、月、為坐煞寅午戌年月為向煞一白入中宮為五黃動作均忌之。

● 下元七運未山丑向圖解

六 五 九	二 九 五	四 七
五 六 八	七 四 山 一 向 三 八	九 三 二
一 一 四	三 八 六	八 六

（陰宅）本山向七赤令星會合坐山例取山龍水法以力量較小者為宜否則失運時必主損丁。向首四一同宮本為吉神惟為時已衰有水則仍主凶有山則主吉震宮一卦有三叉聚水者財源大發不數年而成為豪富。巽宮以小水為合。離宮宜靜兌乾兩宮零神死氣有山有水凶禍立見木疾土病相連或成隔氣膨脹中宮文星會合墓形巍然可主出秀。

二黑命宮不利流年添丁以丑寅卯年爲旺未申年亦旺酉戌亥年大凶。

（陽宅）宅外山水用神與陰宅同內門房門灶門開在震宮者可旺田宅在坤宮者當元主

發出運則否兌乾宮忌之爲安否則丁財俱傷宅母遭殃。

（造葬）本山五行屬土取土局爲旺火局爲生扶未年爲太歲丑年爲七煞申子辰年月爲

坐煞寅午戌年月爲向煞八白入中宮爲五黃動作忌之爲吉。

● 下元七運坤山艮向圖解（申寅同）

四一　八	九　八	八　九
二八六	七四　一向	三九五　山
六二	五三二	一七

（陰宅）本山向七赤令星會合向首在本運當旺時自應有

山有水以乘旺氣坐山會合得宜能有高山峻嶺人丁必旺。

且多聰敏俊秀之士有探頭橋洞卽犯失宮反爲賊丐兌宮

爲最吉之一星當取城門三叉爲吉離宮有高峯爲吉惟巽

震兩宮死氣交併動卽遭殃命宮有一六八三白爲利流年

添丁以酉年午年爲旺丑寅年亦利卯辰巳午年大旺戌亥年

年尚欠利。

（陽宅）宅外山水用神與陰宅同內門、房門、灶門開在兌宮者財帛大發在艮宮者雖能勃

發亦能破敗震巽兩宮切忌行動。

（造葬）本山五行屬土合局與未丑同立申寅者本山五行屬金取金局爲旺土局爲生扶。

申年爲太歲寅年爲七煞亥卯未年月爲坐煞巳酉丑年月爲向煞八白入中宮爲五黃一

切動作均忌之。

● 下元七運庚山甲向圖解

（陰宅）本山向七赤令星顛倒坐空朝滿之地方可點穴否則上山下水丁衰財薄經云三

七疊臨而被盜財源因之耗乏宜山宜水不能稍忽艮宮交合爲崩有來水三叉主發財祿。

坎宮爲將來補救之一星有水來爲更好乾宮會合吉神見形兒氣均能召吉巽宮有山爲

是離宮槪可不取命宮有震三者必傷流年添丁以子、丑、寅年爲旺酉年平平辰巳年少吉

坤宮有水主出膨脹未申年主不利。

四
六二
九二七
八一六

二
四九
七五向
九山三
一五

六
八四
五三七
一
三八

● 下元七運酉山卯向圖解（辛乙同）

（陽宅）宅外山水用神與陰宅同內門、房門、灶門。在坎艮、兩宮者旺丁發財在兌者本運可發在震宮者被盜破財坤宮者寡居不免巽離兩宮亦不利。

（造葬）本山五行屬金取金局為旺土局為生扶亥卯未年、月、為坐夾煞巳酉丑年月為向煞三碧入中宮為五黃均不通。惟寅午戌申子辰年月為大通。

（陰宅）本山向七赤令星到山到向確值生入剋入向首宜水坐山宜山乃為旺局反之即死氣當權零神作惡傷丁破財勢所必至坤宮生氣離宮為悠久之氣有一卦清純來水三义者屆時大發乾宮巽宮有山與此同論有水則稍遜惟不至凶禍艮宮死氣切忌水朝坎宮雖為稍遠之生氣然為時尚早至本運將脫之時用之可也流年添丁以午未申年為旺。卯、酉年亦吉戌亥辰巳年平平丑寅年最凶。

四　三八　九　七三　八　四

二　五一　七　五向九山　三　四九

六　一　五　二七　一　二六

◎下元七運戌山辰向圖解

（陽宅）宅外山水用神與陰宅同內門房門灶門均宜開在
離、坤、兩宮爲旺可主旺丁發財震宮在本運主旺失運則凶。
切忌兌艮兩宮耗財傷丁有明證也。

（造葬）本山五行屬金合局與甲庚同酉年爲太歲卯年爲
七煞亥卯未年月爲坐煞巳酉丑年、
七煞亥卯未年月爲向煞三碧入中宮
爲坐五黃動作均宜避之爲吉。

（陰宅）本山向七赤令星到山到向故向首宜水坐山宜山乃爲得令反之則金受火尅
帛耗損坐山二凶會合過運即凶震宮生氣勃勃兼有天元補救之氣有高山秀水富貴功
名顯達坎宮有之玄之水發福最久艮宮零神衰氣切忌見形見氣離宮死氣寡居宅母不
利坤宮收水忌山在甲申甲午時用之爲吉此時尚可不用命宮有一、八者吉屬鼠屬兔人。
最合命宮生旺者必大發流年添丁以子卯年爲最利戌亥辰巳年、雖旺亦亥午未申年

四
二九

九
四六

八
七五

不利。

（陽宅）宅外山水用神與陰宅同。內門、房門、灶門開在坎、震、

兩宮者丁財兼優巽宮本運主吉過運卽當更改艮離兩宮

最凶盜賊連遭鰥曠難逃。

（造葬）本山五行屬土取土局爲旺火局爲生扶戌年爲太

歲辰年爲七煞亥卯未年月爲坐煞巳酉丑年月爲向煞四

二
四

七
八六
八山向

六
八三二

六
九七

五
八

一
五三

綠入中宮爲五黃動作忌之。

●下元七運乾山巽向圖解（亥巳同）

（陰宅）本山向七赤令星顛倒坐空朝滿方保太平否則丁衰財薄枉死回祿有所不免立

穴時最宜注意兌宮會合吉神有水則旺財有山可旺丁。如或高塞而無生氣者卽出重聽

人離宮有三叉明堂大吉有高山房屋者必遭盜賊坤宮有探頭與此同論坎艮兩宮宜靜

不宜動震宮文曲武曲本主文武呈祥惟在本運則不應流年添丁以午酉年爲旺戌亥年

四　九　八
五三　一八　八七

二　七　六
三一　八六　五
　　八山　六向

六　五　一
七五　六四　二九

亦吉子、柔申年大凶。

（陽宅）宅外山水用神與陰宅同內門、房門、灶門、開在離、兌、兩宮者添丁連綿財帛大發乾宮本運亦發坤、坎、兩宮最凶。

損丁耗財惟此為靈。

（造葬）本山五行屬金取金局為旺土局為生扶。亥年為太歲。

向者本山五行屬水取水局為旺金局為生扶。亥年為太歲。

已年為七煞寅午戌年月為坐煞申子辰年月為向煞四綠入中宮為五黃動作均當避之。

● 中元七赤運結論

兌卦位居正西數屬七別屬破軍五行屬金轄下元甲子甲戌二十年為之七赤運以三碧為零神八白為生氣七八九七六五、為三般卦之用神其當令時尚不全美恐多損傷其失時也干戈連年淫風極盛國器或失其手當其主宰之秋恐多刀兵欲起昇平之日惟著下運八白定有忠厚主宰之人出而治世。

談氏三元地理大玄空路透卷八終

談氏三元地理大玄空路透卷九

三元奇術研究社主任武進浩然談養吾著

● 下元八運壬山丙向圖解

（陰宅）本山向八白令星會合坐山有三叉、明堂及來龍高山均主大發向首衰氣切忌見

| 五 | 一 | 三 |
| 九七 | 二五 | 七九 |

| 三 | 八 | 一 |
| 七九 | 三四山 | 二五 |

| 七 | 六 | 二 |
| 五二 | 一六 | 三向 |

水。水有山卽爲生氣得力。尚能主吉坤宮生氣例取水法震宮爲上元吉氣會合武曲有城門水口屆時卽發艮宮取山與此同論巽宮零神交會五黃兌宮乾宮亦皆死氣有見形見氣者。盜賊膨脹相繼而至經云二五交加而損主是也。命宮有兌七者受尅不利流年添丁以子、卯年最旺未申年亦吉酉、戌、亥、辰、巳年凶。

（陽宅）宅外山水用神與陰宅同內門房門灶門宜開坎宮震宮最旺其次則坤宮在兌宮者孕婦外症乾巽兩宮尤凶宅主宅母均不利。

（造葬）本山五行屬水取水局為旺金局為生扶寅午戌年、月為坐夾煞申子、辰年、月為向煞九紫入中宮為五黃均為不通惟巳、酉、丑、亥、卯、未年月大通。

● 下元八運子山午向圖解（癸丁同）

（陰宅）本山向八白令星會合向首有山有水均吉並能旺財坐山龍身不偏不倚生氣得

五六	一六	一九
一	一	五二
三八	八 三向	四
八	四三山	九七
七四	六五	二九
三	二二	七

令可主旺丁艮宮九紫生氣能有小水為吉如有房屋橋梁、山峯者衰氣當權諸事欠利兑宮為最吉之一星會合武曲、有明堂三叉文峯者旺財發丁兼出秀七坤宮其吉其凶與此同論乾宮零神死氣巽、震兩宮交會均非其所有形有氣凶禍連生傷丁破財均所難免有屬馬屬雞屬羊屬猴生人。兼合命宮生旺者必發流年添丁以午年最旺未、申、酉年亦吉其餘則凶。

（陽宅）宅外山水用神與陰宅同門門、房門、灶門關右離宮者為最旺其次則兑宮艮宮本

為生氣亦吉惟不若離、兌為旺乾巽、震宮最凶。

（造葬）本山五行屬水合局與壬丙同。子年為太歲午年為七煞寅午戌年月為坐煞申子

辰年月、為向煞五黃與壬丙同。

● 下元八運丑山未向圖解

八五		
五		
一三	九一	
九	四	
三七	五二山	六三
一	四向	七
八	九	六四
七六	二八	
六	二	

（陰宅）本山向八白令星到山到向。坐實朝空方為合宜向

首有三叉城門者財源勃發。坐山有來龍山崗者人丁大發。

反之則零神死氣當權諸事欠寧。坎宮火金相剋有小水為

利。離宮本為補救之吉神惟會合非偶當取小水為吉兌宮

有形或主火災。乾宮雖為文星有水則不利有山則為大吉。

巽震兩宮宜靜流年添丁以未申丑寅年為旺子午年尚吉。

（陽宅）宅外山水用神與陰宅同。內門房門、灶門宜開坤宮為最吉離坎兩宮亦利在兌乾、

其餘均主不利。

兩宮者肝氣足疾凶禍頻生。

（造葬）本山五行屬土取土局爲旺火局爲生扶丑年爲太歲未年爲七煞寅午戌年月爲

坐煞申子辰年月爲向煞二黑入中宮爲五黃均不通惟巳酉丑亥卯未年月大通

● 下元八運艮山坤向圖解（寅申同）

七一 四	三六 九	五二 八
六九 三	八 五向 二	一七 四
二 五八	山四七 一	九 三六

（陰宅）本山向八白令星顛倒在坐空朝滿之地方可立穴。

如向首有水疾病連綿膨脹宅母不利坐山有山峯者孕婦。

寡居遭殃離宮生氣當取小水爲合坎宮爲上元兼取之一

星有三叉聚水爲吉有山龍者凶巽宮文星會合有秀峯者。

可出文士兌乾兩宮均爲衰氣見形見氣殘足傷丁長房不

利命宮有屬金屬木者受尅不利流年添丁以丑寅未申辰

巳年爲利其餘均凶。

（陽宅）宅外山龍用神與陰宅同內門房門灶門開在艮宮者爲旺在離坎兩宮者次吉震

宮死氣疊疊最主不利。

（造葬）本山五行屬土合局與丑未同立寅山申向者本山五行屬木取水局爲旺水局爲生扶寅年爲太歲申年爲七煞巳酉丑年月爲坐煞亥卯未年月爲向煞二黑入中宮爲五黃均忌動作。

● 下元八運甲山庚向圖解

五 九 / 七	一 五 / 三	三 七 / 五
四 八 / 六	六山　一向 / 八	八 三 / 一
九 四 / 二	二 六 / 四	七 二 / 九

（陰宅）本山向八白令星會合坐山本宮有來龍高山三叉、明堂均主召吉欲望丁財須向此中求之向首水氣重重爲本運之死氣有形有氣凶禍頻生風疾、偏枯不免巽宮有小水口者交甲辰甲寅二十年大旺坎宮文武交作有山龍者。可作補救並產秀士乾宮零神艮離兩宮均屬衰氣動輒遭咎耗財傷丁避之爲吉命宮有艮八者可旺田宅二五三四、命最凶流年添丁以卯年最旺子年次之午、酉戌亥年最凶。

一聽堂藏版

心一堂術數古籍珍本叢刊　堪輿類　無常派玄空珍秘

（陽宅）宅外山水用神與陰宅同、內門、房門、灶門開在震宮者丁財駿發巽宮雖為生氣而

五行相尅避之為吉在兌、乾、離三宮者傷丁耗財。

（造葬）本山五行屬木取木局為旺水局為生扶巳、酉、丑年月為坐夾煞亥、卯、未年月為向

煞。七赤入中宮為五黃均忌動作。

●下元八運卯山酉向圖解（乙辛同）

七二　七	二六　三	九四　五
八三　六	六山　一向　八	四八　一
三七　二	一五　四	五九　九

（陰宅）本山向八白令星會合向首兼合天盤一白交會吉

星疊疊最為合宜向首有三叉明堂案山顧祖者定卜丁財

勃發坐山死氣重重有山有水均主不利有橋洞探頭者賊

丐風疾難免乾宮取靜水為吉離宮聯珠相逢有秀水峻嶺

者文士連生須有文峯必應中宮與此同論艮坤巽三宮

均屬死氣動主凶兆須一片靜土方免於禍流年添丁以酉

年最旺戌巳年亦利倘宮有兌金者不利。

（陽宅）宅外山水用神與陰宅同。內門、房門、灶門開在兌宮者最旺其次則乾宮離宮雖衰亦能召吉在震、巽、坤、坎宮者孕婦宅母長房均不利。

（造葬）本山五行屬木合局與甲庚同卯年爲太歲酉年爲七煞已、酉、丑年、月、爲坐煞亥、卯、未年月爲向煞。七赤入中宮爲五黃忌之則吉。

● 下元八運辰山戌向圖解

```
五六      一二      九
  四        九      一八

三四      八九      七
  二    山向 七四    三五

七八      六七      二
  六        五      一三
```

（陰宅）本山向八白令星顛倒坐空朝滿丁衰財薄之局也。

惟本山向與其他顛倒爲不同向首有上元一白吉神有山有水均主大旺惟爲時稍遠耳悠久之法是也。坐山例應取空當代可發即使坐實亦爲吉神尙不致凶九紫生氣入穴。取兌艮兩宮之山龍以補不足有三叉、明堂者人丁絕滅。曠難逃艮坎、離兩宮均爲死氣還以靜而不動爲利或主孕婦受災。或主懸樑之危命宮有一、六、八者爲旺流年添丁以戌亥辰已、年爲旺其餘不利。

（陽宅）宅外山水用神與陰宅同內門、房門、灶門開在巽宮者旺財在乾宮者可產文士發福悠久。離坎艮兌四宮避之可免災殃。

（造葬）本山五行屬土取土局為旺火局為生扶辰年為太歲戌年為七煞巳、酉、丑年月、為坐煞亥、卯、未年月、為向煞六白入中宮為五星一切動作均忌之。

● 下元八運巽山乾向圖解（巳亥同）

八一 （山）七	三五　三	一三　五
九二　六	七九　八	五七　一
四六　二	二四　四	六八 （向）九

（陰宅）本山向八白令星到山到向向首有來水、三叉、明堂者財帛大發坐山則吉星疊疊有山龍來水丁財大發交上元甲子甲戌二十年必應。欲求悠久惟此卦為最有用坤宮忌水取山。離震坎宮均為衰死之氣有形有氣動主破財並欲傷丁兌宮凶星交作避之為妙。命宮有兌七坤二巽四者。均主夭折。女丁最不利流年添丁以戌亥辰、巳年為最旺。其餘流年均不利。

（陽宅）宅外山水用神與陰宅同。內門、房門、灶門開在乾、巽兩宮者瓜瓞綿綿財積千萬。坎、坤艮震離五宮避之爲吉否則枉死橫禍女丁遭殃。

（造葬）本山五行屬木取木局爲旺水局爲生扶，立已山亥向者本山五行屬火取火局爲旺木局爲生扶，已年爲太歲，亥年爲七煞，申子辰年月爲坐煞，寅午戌年月爲向煞，五黃與前同論。

● 下元八運丙山壬向圖解

四（山） 三（向） 九	八（山） 八（向） 四	六（山） 一（向） 二
五（山） 二（向） 一	三山 四向 八	一（山） 六（向） 六
九（山） 七（向） 五	七（山） 九（向） 三	二（山） 五（向） 七

（陰宅）本山向八白令星會合向首，能有聚水三叉之玄之水及高山峻嶺案山者丁財並發，坐山火金相剋惟爲生氣。不得不取，能有小水爲吉，艮宮有來去水口兼有秀峯者，交甲子甲戌二十年大旺並產文士，定卜名震寰宇。震宮有水，有山與此同論。兌宮零神，巽宮二五交加重病，損主脾胃膨脹不免。乾坤兩宮死氣交併，不能稍動，流年添丁以子年爲

聽聽堂藏版

最旺丑、寅、卯年亦吉午年雖生次之巽坤、兌乾四宮避之為吉。

(陽宅)宅外山水用神與陰宅同內門、房門、灶門、在坎宮者丁財大發諸事太平艮宮可產文士財亦大旺震宮亦吉巽坤兌乾避之為吉。

(造葬)本山五行屬火取火局為旺木局為生扶申子辰年月為坐煞寅午戌年月為向煞。

遇一白入中宮為五黃動作避之為妥

● 下元八運午山子向圖解（丁癸同）

六一 **五**	一六 **一**	二五 **九**
八八 **三**	四三山　四向 **八**	七九 **四**
四三 **七**	五二 **六**	二九 **二**

（陰宅）本山向八白令星會合坐山有聚水、三叉、高山峻嶺者當元丁財大發並產文士忠厚可欽向首九紫生氣有小水為吉有案山者凶禍立至坤宮有之玄之水或秀峯者發福悠久文士呈祥兌宮會合相同惟取山峯為合乾巽震艮諸宮見形見氣則凶禍連綿宅主孕婦外症腹疾不止命宮有一六八者為吉流年添丁以午、未、申、酉年為旺子年亦吉。

戌、亥、卯、辰、巳年主凶。

（陽宅）宅外山水用神與陰宅同內門、房門、灶門開在離宮者丁財勃發在坤宮者貴子連生欲求富貴功名舍此沒由乾震巽宮均凶。

（造葬）本山五行屬火合局與丙壬同亥年爲太歲子年爲七煞申子辰年月爲坐煞寅午戌年、月爲向煞五黃與丙壬同惟巳酉丑亥卯未年大通。

● 下元八運未山丑向圖解

六　七　三	一　三　七	八　五　五
七　六　四	五山　八　二向	三　一　九
二　二　八	九　四　六	四　九　一

（陰宅）本山向八白令星到山到向。向首有聚水三叉當元即發。山旺星加臨如龍身端正有高山峻嶺者可主發丁。反之則凶星交作立穴時注意之。兌宮生氣例取水口乾宮文星同宮有之玄之水且爲悠久之氣發福無量。如此卦稍襄每易致敗坎宮尙可勿論震巽兩宮切忌見形見氣則陰人成蹇足疾不免命宮有一白者必發流年添丁以丑寅未、

聽聽堂藏版

申、戌、亥年爲旺。卯、辰、巳年爲凶。

（陽宅）宅外山水用神與陰宅同內門、房門、灶門開在艮宮者大發丁財。欲求功名富貴必取乾宮悠久之氣兌宮亦吉震巽坎坤諸宮避之爲吉。

（造葬）本山五行屬土取土局爲旺火局爲生扶未年爲太歲丑年爲七煞申子辰年月、爲坐煞寅午戌年月爲向煞八白入中宮爲五黃動作避之爲吉。

● 下元八運坤山艮向圖解（申寅同）

向三 山六 運七	向七 山一 運三	向五 山八 運五
向四 山七 運六	向二 山五 運八	向九 山三 運一
向八 山二 運二	向六 山九 運四	向一 山四 運九

（陰宅）本山向八白令星顛倒在坐空朝滿之地方可立穴。上山下水概可不避如坐實朝空則死氣當權凶禍頻生。宮有水爲吉交甲辰甲寅二十年大旺巽宮交星會合有秀氣者文士連添能有清純一卦之水者財源大發舍此則不數年而即敗有屬龍屬蛇生八命宮又合生旺者必發兌、乾、兩宮見形見氣陰神成羣尙主淫邪或出肝病長房不利流

年添丁以未申年爲旺辰、巳年最吉利其餘主凶。

（陽宅）宅外山水用神與陰宅同內門、房門、灶門宜開坤宮爲旺氣主發財離震宮生氣亦

吉在巽宮者必生貴子名利雙全乾、兌兩宮忌之爲上。

（造葬）本山五行屬土合局與未丑同立申山寅向者本山五行屬金取金局爲旺土局爲

生扶。申年爲太歲寅年爲七煞亥、卯、未年月爲坐煞巳酉丑年月爲向煞八白入中宮爲五

黃造作忌之爲吉。

● 下元八運庚山甲向圖解

（陰宅）本山向八白令星會合向首又合天盤武曲定主武科發跡財富萬倉須有秀水山

龍則應否則平平坐山均爲死氣有形主凶須一片靜土爲合動則丁衰坤宮生氣有三叉

靜水爲吉坎宮悠久之氣聯珠相逢貴比王謝有明堂城門更佳離艮乾三宮有形有氣寬

居不免或主瘟黃有屬鼠屬兔生人必發添丁流年以卯子年爲最旺未申年雖吉不奇甚

餘均凶。

一聽聽堂藏版

五九
七　　一四　　五七
　　　九三　　九
　　　　　　
三五　　八六一　山　向　四六一　　七九
二　　　七　　　　　　　　　六八　　七六八
　　　　　　　　　　　　　　　　　八二四三

避之為吉。

● 下元八運酉山卯向圖解（辛乙同）

（陰宅）本山向八白令星會合坐山兼有天運一白交作。有高山秀峯明堂三叉者定卜丁
財大旺當朝即發坤宮生氣小水為合最吉之氣厥惟離宮用得其所可出文武全才立極
與此同論如金墩巍巍建立亭榭者大發坎宮零神死氣動輒遭硤坤、震、巽三宮均屬衰氣。
避之則吉命宮有三白者必發流年添丁以戌、巳、酉、午年為旺未、申、子、卯、辰、巳年大凶
（陽宅）宅外山水用神與陰宅同內門房門、灶門開在兌宮者可主旺丁發財在離宮則秀

諸宮均不利。

（造葬）本山五行屬金取金局為旺土局為生扶亥、卯、未年、
月為坐夾煞巳、酉、丑年月為向煞三碧入中宮為五黃均宜
避之為吉。

（陽宅）宅外山水用神與陰宅同內門、房門、灶門開在坎宮
者財源大發諸事如意在坎宮者主出秀士亦主多金其餘
諸宮均不利。

二一〇

```
五      一      八
 四三    八      九七
        九七

三      八六向    向
 六一    一六山    四
               五二

七      六      二
 二五    三四    七九
```

● 下元八運戌山辰向圖解

士運添艮宮生氣亦能召吉惟在當令時用之失運則否改
之可也。

（造葬）本山五行屬金取金局爲旺土局爲生扶酉年爲太
歲卯年爲七煞亥卯未年月爲坐煞巳酉丑年月爲向煞五
黃與庚甲同論。

（陰宅）本山向八白令星顚倒在龍空之地方可點穴所謂龍空氣不空是也向首坐山會
合均爲吉神山水用神尙可不論用得其所丁財大旺兌宮有小水者交甲辰甲寅二十年
必發艮宮爲悠久之星先時補救之屆時自可大旺離宮死氣切忌有水定主破敗坎宮亦
宜靜而無形坤宮亦然有三白命宮者必發流年添丁以戌亥辰巳年爲旺丑寅年亦利子
卯未申年則凶

五四 六	一九 二	九八 一
三二 四	八七 九	四三 五
七六 八	六五 七	二一 三

●下元八運乾山巽向圖解（亥巳同）

（陽宅）外宅山水用神與陰宅同內門、房門、灶門均宜開在乾宮者。財帛大旺必產秀士艮、兌兩宮亦能召吉餘宮避之為吉。

（造葬）本山五行屬土取土局為旺火局為生扶戌年為太歲辰年為七煞亥、卯、未年月為坐煞巳、酉、丑年月為向煞四綠入中宮為五黃動作避之。

（陰宅）本山向八白令星到山到向向首會合貪狼如有清純之水高秀之峯者定出豪傑財源大發立成富翁坐山有來龍高山房屋高阜等均主人丁大旺且多勇士震宮小水為利坤宮有水愈大愈旺有山則忌之坎宮零神死氣不能稍動離艮宮亦然命宮有一白者或主夭折流年添丁以戌亥辰巳年為最利未申卯年次之其餘均凶

（陽宅）宅外山水用神與陰宅同內門、房門、灶門開在巽宮為最旺定可發財人口太平、坤、

五　三一
一　一七
　　五
九　
八　六

三　五三
八　七向
　　九山
四　二
　　四

七　一八
六　九
　　二
二　四
　　六

● 下元八白運結論

震二宮亦吉坎、離、兌宮者則凶禍頻生避之爲吉。

（造葬）本山五行屬金取金局爲旺土局爲生扶立亥山己

向者本山五行屬水取水局爲旺金局爲生扶亥年爲太歲。

巳年爲七煞寅午戌年月爲坐煞申子辰年月爲向煞四綠

入中宮爲五黃避之則吉。

艮卦位居東北五行屬土星屬左輔數屬八轄甲申甲午二十年爲之八白運以九紫爲生

氣八九一八七六爲三般卦之用神用於旺運可旺田宅多忠良之臣其失時也小口欠寧

或出僧尼當其主宰之時國家昇平文風亦盛

談氏三元地理大玄空路透卷九終

談氏三元地理大玄空路透卷十

三元奇術研究社主任武進浩然談養吾著

●下元九運壬山丙向圖解

（陰宅）本山向九紫令星會合向首與天元會合為友有聚水三叉、明堂者可主旺財坐山

六	二	一
七	二	三
二	七	六

四	九	二
九	四	五
五	向	一
山	八	

生氣當旺有來龍者人丁大發本運為三元將盡之時一白

本為零神惟在本運則當以生氣論如以為零神而去之則

過運即敗故前清咸同間之墓宅一白生氣無用神者大都

人丁絕滅有明堂三叉龍神者交上元甲子其家大發理勢

然也艮宮宜取大水震宮有形有氣必出殘足巽宮亦以靜

為宜乾坤兩宮均為衰死之氣均能肇禍作者注意兌宮二

八	五	三
四		
八	七	六
	三	一

黑凶神為時尚遠避之無妨命宮有震三者不利流年添丁以子午、丑寅年為旺其餘不利。

（陽宅）宅外山水用神與陰宅同內門、房門、灶門開在離宮者喜氣連添艮宮最吉坎宮次

之乾、巽兩宮最凶長房、孕婦不利。

（造葬）本山五行屬水取水局為旺金局為生扶寅、午、戌年、月、為坐夾煞申子辰年、月、為向煞。九紫入中宮為五黃諸事忌之為吉惟巳酉丑亥卯未年月大通。

● 下元九運子山午向圖解（癸丁同）

六　　二　　一
八一　三六　一四　五
四　　九　　五
一八　五山四向　九
八　　七　　三
六三　七二　三二

（陰宅）本山向九紫令星會合坐山應取來龍、水口則山向旺星各得其所當運即發向首雖為衰氣有水亦不致凶。有案山者最吉坤宮為天元生氣有之玄之水交甲子、甲戌二十年丁財大發可積百萬且產秀士震宮暗水則吉明而大者尚能肇禍兌乾艮巽諸宮衰氣交併有山有水均應避之。命宮有五黃者必傷流年添丁以子、午、未申年為旺餘均主凶。

（陽宅）宅外山水用神與陰宅同內門、房門、灶門宜開坎坤、兩宮生旺之氣可產貴子旺財。

在離宮者次吉餘宮均不利傷丁耗財所難免也。

（造葬）本山五行屬水合局與壬丙同子年爲太歲午年爲七煞寅午戌年、月爲坐煞申子、辰年、月、爲向煞五黃與前同論。

● 下元九運丑山未向圖解

六九	二四	一五
九	四五	一四

四七	九二	五
二	六向三山	八一八

八二	七八	三
七	八一	三六

（陰宅）本山向九紫令星會合向首能有三叉明堂高山峻嶺者主添丁旺財無形無氣則平平坐山均爲死氣有來龍高山者均不爲利能靜最佳最吉當取坎宮一卦大水明堂。次運勃發兼產文人震宮交會雖同而用神則各殊當取山龍爲佳其餘諸宮會合非偶或成火星或則五行相尅肝木、土金諸病百出惟長房爲最不利再如命宮爲震三者更凶。

（陽宅）宅外山水用神與陰宅同內門房門、灶門宜開坤宮者爲旺惟在本運用之過時卽流年添丁以未、申年爲旺子、卯年亦能添丁旺財其餘則凶多吉少。

當改取坎門丁財駿發且主悠久名聞天下不足慮也。

（造葬）本山五行屬土取土局為旺火局為生扶丑年為太歲未年為七煞寅午戌年月為

坐煞申子辰年月為向煞二黑入中宮為五黃動作忌之。

● 下元九運艮山坤向圖解（寅申同）

六三	二八一	一七
六	二 一	七 二
四一八一	九六三山向五	八四五
八	三五	七五四
	七二	三九

（陰宅）本山向九紫令星會合坐山如來龍脉厚兼有高峯，

秀水者旺神當權諸吉照臨喜氣連添向首為死氣不幸而

有三叉明堂者殘足傷丁長房絕滅離宮為天元吉氣掌握

全權有大水為利交甲子甲戌二十年大旺兌宮與此同論。

乾宮衰氣會合凶星更能肇禍坎宮亦然震巽兩宮土木相

尅見形見氣凶禍頻生有屬馬屬雞生人命宮又合生旺者。

（陽宅）宅外山水用神與陰宅同內門房門灶門開在艮宮旺氣諸事可慶。在離宮者財旺

可成豪富流年添丁以午酉丑寅年為旺其餘則否。

丁發可操左券。坎、乾、震、巽、坤、五宮凶星疊疊避之為吉。

（造葬）本山五行屬土合局與丑未同立寅山申向者本山五行屬木取木局為旺水局為生扶寅年為太歲申年為七煞已酉丑年月為坐煞亥、卯、未年月、為向煞五黃與丑未同忌之可保太平。

●下元九運甲山庚向圖解

六	五 四	
四	二 九	二向
	九	一 八

（陰宅）本山向九紫令星會合向首有山有水旺神得勢諸吉齊集本運為九運最後之秋補救尤宜注意乾宮如有大水明堂確合上元用神交甲子甲戌二十年定卜丁財大發。

四	三 二	
七	九 七山	二向
	五	三 六

艮宮交合與此同論坎宮足見金尅主出傷殘坐山及巽、離、坤四宮均為衰死之氣不宜見形見氣鰥寡小口均主欠寧。

八	三 六	
	七	五 四
	三	一 八

命宮有戌巳震三者受制不利中宮合成火星尤宜注意流年添丁以酉戌亥丑寅年為最旺聰敏俊傑超人一等其餘如無形氣者可保平平。

（陽宅）宅外山水用神與陰宅同內門、房門、灶門開在兌宮者當運卽發乾宮較兌更佳可

產文士財祿亦旺在坎者殘足難免離宮小口不招坤宮孕婦不利。

（造葬）本山五行屬木取木局為旺水局為生扶巳酉丑年月為坐夾煞亥卯未年月為向

煞七赤入中宮為五黃不宜動作。

● 下元九運卯山酉向圖解（乙辛同）

八三 / 八	三七 / 四	一五 / 六
九四 / 七（山）	七二 / 九	五九 / 二（向）
四八 / 三	二六 / 五	六一 / 一

（陰宅）本山向九紫令星會合坐山有來龍水口者旺星得

勢丁財並增向首均為巳過之死氣不能見形見氣女丁欠

寧主多麻木瘋疾巽宮為上元最吉之一星有汪洋大水財

源勃發坤宮有高峯者秀士連添本山向能於此數宮安置

安洽卽可丁財兩旺其餘各宮會合非偶衰死頻乘動

主不利其凶禍之何若隨九星五行分別斷之可也有一八、

命宮最旺流年添丁以卯、辰、巳、未、申年為利其餘均凶

（陽宅）宅外山水用神與陰宅同內門、房門、灶門在本運開震宮爲旺巽宮爲天元生氣最能召吉坤宮雖爲衰氣亦能召吉餘宮均凶。

（造葬）本山五行屬木合局與甲庚同卯年爲太歲酉年爲七煞巳酉丑年、月爲坐煞亥、卯、未年、月爲向煞均不通五黃與前同論惟申子辰寅午戌年、月方可造作。

◉ 下元九運辰山戌向圖解

六 [七／二]	二 [一／六]	三 [二／七]
四 [五／四]	九 [一向／八山] 山向	五 [三／六]
八 [九／九]	七 [八／一]	三 [五／四]

（陰宅）本山向九紫令星會合坐山山上水裏合成一家本宮能有佳山秀水可卜丁財大旺向首爲較遠之生氣確值病符還以靜爲最吉如在本運將脫之時可告平安暫爲用之。有山則凶禍立見本運當取一白最吉之水適值到宮無法利用當取震宮來龍以挽生氣其餘各宮均宜不動爲利命宮總以三白爲利流年添丁以卯、辰、巳、戌巳年爲旺其餘不利。

聰聽堂藏版

（陽宅）宅外山水用神與陰宅同內門、房門、灶門開在巽宮者最旺震宮亦吉坤、離、兌、艮、四宮傷丁破財諸事欠甯。

（造葬）本山五行屬土取土局爲旺火局爲生扶辰年爲太歲戌年爲七煞巳、酉、丑年、月爲坐煞亥、卯、未年、月、爲向煞六白入中宮爲五黃動作忌之。

●下元九運巽山乾向圖解（巳亥同）

```
六四    二八    一九
 五      一      九

四六    九一    五五
 三六  八山一向  四五

八二    七三    三三
 七二    六三    二七
```

否。

（陰宅）本山向九紫令星會合向首有明堂案山均能召吉。

坐山爲巳過之衰氣山水均屬無用二黑稍近不得已尙可借用。七赤則萬萬不能用主傷丁口兌宮會合吉神兼有天元生氣有高山大阜來龍均能補救坎宮有水孕婦外症離宮有水遇五黃入中宮木命人難逃艮宮宜靜金墩如高大者諸事呈祥並能出秀流年添丁以酉戌亥年爲吉其餘則

（陽宅）宅外山水用神與陰宅同內門、房門、灶門宜開乾宮、兌宮爲吉在巽宮者疾病淹延。

並產女丁其餘各宮衰死之氣均主不利。

（造葬）本山五行屬木取木局爲旺水局爲生扶立巳山亥向者本山五行屬火取火局爲旺木局爲生扶。巳年爲太歲亥年爲七煞申子辰年月爲坐煞寅午戌年月爲向煞動作均

當避之五黃與前同論。

● 下元九運丙山壬向圖解

六 七二	二 二七	一 三六
四 九九	九 五向 四山 五一	五 一八
八 五四	七 六三	三 三一

（陰宅）本山向九紫令星會合坐山與天元交合爲友又爲

復位其旺更甚如有來龍明堂者可主添丁旺財向首合成

打刼正與離宮相合有汪洋大水甲子甲戌二十年財源勃

發兼產秀士坤宮有水亦主悠久艮宮有山有水均吉如坎、

艮、兩宮無形無氣出本運卽敗立穴時最宜注意如兌、乾、兩

宮有水口衝破者刀傷難免巽、震、兩宮山水一概不取。有屬

一聽堂藏版

鼠屬牛屬虎生人必發流年添丁以午子丑寅年爲旺。

（陽宅）宅外山水用神與陰宅同內門房門灶門在離宮者爲旺氣開坎宮者爲生氣定卜丁財連添艮宮亦能召吉切忌兌巽震諸宮遇事破敗避之爲上。

（造葬）本山五行屬火取火局爲旺木局爲生扶申子辰年月爲坐夾煞寅午戌年月爲向煞。一白入中宮爲五黃均爲不通。

● 下元九運午山子向圖解（丁癸同）

六　八一	二三　一	一
四　八一	九　五山向四	五　九
八　三六	七　二	三　二七

（陰宅）本山向九紫令星會合向首有水有山均利。坐山例取山龍。本山向適值生氣上元旺星能有之玄之水交甲子初運即發坤宮交會相同。有秀水峻嶺丁財勃發艮宮爲稍遠之生氣小水爲吉震宮忌水兌宮乾宮亦爲衰氣概以靜爲吉中房可發有三白命宮者大旺流年添丁以子午未申年爲最旺其餘平平。

（陽宅）宅外山水用神與陰宅同內門、房門、灶門開在離宮者定卜添丁發財坎宮旺氣亦

吉坤宮雖衰亦利在震宮者傷丁破財兌宮乾宮亦各不利。

（造葬）本山五行屬火合局與丙壬略同午年為太歲子年為七煞申子辰年月為坐煞寅、

午戌年月為向煞五黃與丙壬同均忌動作惟巳酉丑亥卯未年大通。

● 下元九運未山丑向圖解

```
六九    二    五四
 二四          一五
四七   九 三向   一八
       六山
八二   七一    三六
```

（陰宅）本山向九紫令星會合坐山火來生土兼有來龍高

山可卜旺丁如有水口亦能召吉向首六白巳衰能靜為佳。

如有水光必出殘足之人震宮合人地兼貪之吉神且為本

運將來之生氣與輔星會合有清純一卦之水定可財帛連

添屆時即發坎宮與此類推巽宮微水為合離兌乾三宮忌

之為利命宮有震三者恐多夭折流年添丁以子、卯、未、申年

為最旺。酉、戌、亥、午年欠利。

聰聽堂藏版

（陽宅）宅外山水用神與陰宅同內門、房門、灶門開在震宮者丁財大旺坤宮亦然坎宮平

平其餘諸宮均屬衰死之氣在所不取。

（造葬）本山五行屬土取土局為旺火局為生扶未年為太歲丑年為七煞申子辰年月為

坐煞寅午戌年月為向煞八白入中宮為五黃動作均忌之。

● 下元九運坤山艮向圖解（申寅同）

```
六三六    二八一    一二
                    七
四一八    九三山    五二七
         六
八五四    七四五    三九
```

（陰宅）本山向九紫令星會合向首有明堂三叉、來龍案山

者旺氣得神財星大發坐山衰氣以靜為是最要之一卦惟

推兌宮有之亥之水綿綿而來者財可干萬兼成功名離宮

吉星交併動能召吉乾宮小水靜而不動為佳坎巽震諸宮

亦以不動為宜有屬雞屬馬生人可發流年添丁以子酉丑

寅年為最旺其餘則否

（陽宅）宅外山水用神與陰宅同內門、房門、灶門開在離宮者可旺田宅在兌宮財帛大發。

可成豪富艮宮亦能召吉其餘各宮損丁破財遇事欠寧。

（造葬）本山五行屬土合局與未丑略同立申山寅向者本山五行屬金取金局爲旺土局爲生扶申年爲太歲寅年爲七煞亥卯未年月爲坐煞巳酉丑年月爲向煞八白入中宮爲五黃動作忌之則吉。

● 下元九運庚山甲向圖解

八六	四二	六四
三	七	五
七	九	二 九
四 五	二 七 山 向	一 八
三	五	一
八一	六三	一

（陰宅）本山向九紫令星會合坐山有來龍高山來水三叉。

均主召吉向首衰死疊疊見形見氣一概不利必出鰥寡艮宮天元旺神此時用之最爲悠久如無明堂城門出運卽絕。

乾宮有山有水均能召吉兼產文士坎坤巽離四宮無高山大水可保平安能以小山小水配合妥善成爲竹節運者悠久無者流年添丁以酉戌亥丑寅年爲旺此外均平常。

（陽宅）宅外山水用神與陰宅同內門房門灶門開在兌宮者本運丁財大發在艮宮者必

產文人發福悠久乾宮亦能召吉震主腹疾坤多肝病。

（造葬）本山五行屬金取金局為旺土局為生扶亥、卯、未年月為坐夾煞巳、酉、丑年月為向煞二碧入中宮為五黃造葬忌之為吉。

● 下元九運酉山卯向圖解（辛乙同）

山三　向八／運八	山七　向三／運四	山五　向一／運六
山四　向九／運七	山二　向七（山）（向）／運九	山九　向五／運二
山八　向四／運三	山六　向二／運五	山一　向六／運一

（陰宅）本山向九紫令星會合向首有之玄之水當元大發。能不見為吉否則失運時恐多目疾坤宮有大水汪洋交甲子年必成豪富坐山以一片平洋為吉巽宮文星會合有山有水均吉離艮乾坎諸宮能靜為合如見形見氣主多內病。有屬龍屬蛇生人命宮又合生旺者必發流年添丁以卯、辰、巳、未、申年最利其餘則平平。

（陽宅）宅外山水用神與陰宅同內門、房門、灶門開在震宮者本運主旺出運則傷目坤宮、巽宮者丁財並添且主悠久其餘各宮均欠通。

（造葬）本山五行屬金合局與庚甲略同酉年為太歲卯年為七煞亥卯未年月為坐煞巳

西丑年月為向煞三碧入中宮為五黃均不通惟申子辰寅午戌年月為大通

● 下元九運戌山辰向圖解

六
七二
二六　一
三　　二七

四
五四
九　八向
一山五
六三

八
九九
七　八一
三　四五

（陰宅）本山向九紫令星會合向首例取三叉、明堂、案山等。

見形見氣旺星得用方能召吉反之即不取坐山會合非吉。

有龍尚可有水則大凶震宮為悠久之氣又為將來之旺神。

有汪洋來源交甲子年即發此山墓形雄壯可發豪傑惟有

坎一命宮者稍主不利坤宮微水亦能借用其餘各宮以不

動為妥流年添丁以卯、辰、巳、戌、巳年為旺其餘流年不利。

（陽宅）宅外山水用神與陰宅同內門房門灶門開在巽宮震宮生旺之氣定卜丁財連添。

喜事重重在乾宮者小口欠寧艮宮者恐多寡居。

（造葬）本山五行屬金取金局為旺火局為生扶戌年為太歲辰年為七煞亥卯未年月為

聰聽堂藏版

心一堂術數古籍珍本叢刊　堪輿類　無常派玄空珍秘

坐煞巳酉丑年月為向煞、巳、丑年、月為向煞。四綠入中宮為五黃動作均忌之。

● 下元九運乾山巽向圖解（亥巳同）

（陰宅）本山向九紫令星會合坐山兼有天運生氣到宮有來龍高山或三叉水口者旺神

```
五四      一九        九
 六        二         一

 三      八一向 山    四五
 四        九         五

二七      三六        七二
 八        七         三
```

得勢丁財俱發向首為巳過之衰氣為九星中最惡之凶神。

切忌見形見氣有則刀傷難免小口不招兌宮天元旺氣此

時補救之交上元甲子甲戌二十年可主財源勃發否則脫

運即敗其他諸宮還以無形無氣為合流年添丁以酉戌亥、

戌巳年為旺其餘平平。

（陽宅）宅外山水用神與陰宅同內門、房門、灶門開在兌、乾、

兩宮者旺財旺丁諸事稱心在巽離坤坎諸宮皆主不利其剋應之如何悉照八卦九星五

行生剋參酌用之可也。

（造葬）本山五行屬金取金局為旺土局為生扶立亥山巳向者本山五行屬水取水局為

旺。金局爲生扶亥年爲太歲巳年爲七煞五黃與前同論造葬避之則吉、

● 下元九紫運結論

離卦位居正南數屬九星屬九紫右弼五行屬火轄下元甲辰甲寅二十年爲之九紫運。以一白爲零神又以一白爲生氣本運爲三元九運終結之末運用神最宜注意。若以一白爲零神而不挽救則出運即絕非其他諸運之比以九一二九八七爲三般卦之用神其當令時喜氣連添主出輔佐之士其失時也女丁欠寧目疾心痛交作當其主宰之秋小有紛擾。忠孝並見文風亦盛。

談氏三元地理大玄空路透卷十終

談氏三元地理大玄空路透附載

三元奇術研究社主任武進浩然談養吾著

◉選吉

今世選吉之法各各不同。一考曆來方家用協紀者多用七政經緯及奇門者少尚有其他種種雜說令人莫辨。歟意則兼籌並顧取其精細避其粗劣以協紀為本以奇門天心為助。趨其生扶避其衰死取三奇八門到山到向諸吉星飛遁到宅到穴再合以宅主仙命等諸花甲配合成局扶山補龍與大玄空九星五行處處安洽再參現代通行如羅蔡諸通書宜忌至以卦例禽星諸說在所不取高明者其亦以為然否。

◉奇門概略

遁甲一法創於黃帝迄今五千餘年其法幾於湮沒周之呂尚漢之子房諸葛晉之郭璞明之劉基諸人皆能得其精毅運用如神今世歐風東漸幾無人道及此學或闢為邪說或以為迷信養吾自幼即細參諸家秘本始而頭暈目眩顧末難探屢棄屢讀者幾數年後乃知

直符直使天地盤之佈法。共成有一千零八十局。溟波釣叟陰陽遁諸歌雖已說明其起例
尚難明瞭配干配支實難探求八門九宮飛遁爲是中宮帶管其理爲近餘如左轉右轉守
爲寶筏者殊可哂也抑不知直符直使均隨六甲轉移九星八門各有爲直符直使之時十
時一易絲毫不爽五日一元超節爲準至其合格之宜忌須看烟波尅應用神隨時變化有
以動爲應者有以靜爲應者法雖如此運用全憑變通非古人之不能公開實其法之奧竅
難明諸法概不深求惟以起例略列數圖聊引學者循序以進耳至於一切尅應佈卦用神。
別冊另刊茲從略。

陽五局乙亥時

休 芮輔 乙 丁 九地	生 英 甲辰壬 芮 丁 大常	傷 輔 乙 心 直符 巳
柱英 由申庚壬 六合 開	禽 杜 甲子戊 庚 螣蛇	死 冲 丙 禽 九天 戊
心 任 甲戌辛 太陰	蓬 冲 甲午辛 景 丙 玄武	驚 任 蓬 白虎

陰三局戊子時

杜 芮 甲戌巳 辛 螣蛇 景	英 輔 甲午辛 六合 癸	死 輔 乙 英 九天 己
柱 心 甲寅癸 太常 丙	禽 任 丙 戊 九地 開	傷 冲 蓬 直符 庚
蓬 冲 甲申庚 太陰 壬 開	心 杜 乙 玄武 丁	生 任 禽 白虎 丁

（註）遁甲奇門一法本為吾人日用必須之學隨時隨地可占尅應居家出行行商出仕臨

陣對敵到處可以應用惟近世不察其所以屏諸哲學之外殊深浩歎養吾研究數年略得

梗概入其門未升於堂也茲因大玄空之刊特將最淺最近之法略述二三閱者諒之。

●名著一（見無心道人二宅玄機）

無錫東亭華氏陽宅坐北向南為坎宅坎宮屬水以金為生氣木為子息火為難神向上現

得巳土土尅宅原主少丁內戶制化之法急宜扶金為要金旺土自洩水自生矣如承艮寅

門路恰合從外生入也大門在合宅之辰巽方上房門向在統宅之辰乙方上房門向西却

在正床之庚上出房門門向北走三間再轉西房門上所得星辰金木相尅未年八白到庚。

自有添丁之慶添丁於來年八月月建又逢火刼主添丁難育幷兌金受火尅於離宮定主

肺疾血症之類再兼生肖屬羊自有此應年建又是兌金伏位小口難留無疑矣再加灶位

在一宅之艮方是方六白乾金所臨之地乾為坎宅之生氣又為一宅之父兄灶位在此火

尅乾金主長子壽元不足長帶心虛頭痛血虧之症吉宅最要者先將灶位移於別處或移

於巽震二方爲吉果能移於艮上丁盛財足可知矣再次或將大門移于午丁二方另換分

金亦吉。

●名著二（見無心道人二宅玄機）

七運乾山巽向兼亥巳三分坤龍入首離方高峯水神自西流東開池停蓄用於癸酉年十二月初八日巳時挨星五行水裏山上月白又逢兑七到山此爲伏吟山上排龍又得破軍到水即爲下水上山下水用法顛倒後空坐水者尚可求福有巽水特朝坐實可知穴雖坐實後山或有低田年遠空曠亦能獲福切忌高田高地及其堆高墩村莊屋宇於坐山主塋後即有口舌口碎喉痛不舒之恙即丙子丁丑兩年亦不甚順戊寅巳卯兩年坐山三七相冲三即震爲木七即兑爲金金木相尅於坐山所謂反吟者此也是年定有官非并多欠安即癸未年建七赤到山女丁小口亦不甚安乙酉年暗建臨山諸事小心丁卯戊辰六月似有丁口欠安之象急宜更改山向自論轉禍爲福或于來年秋冬擇吉將金墩卸去重堆却合修龍之妙要知葬後十年內丁財不能穩足却田山向及水神用不得其宜耳水裏上格。

須見乾兌離三方水來爲妙。切忌巽震坎三方有水去來。逢流年紫白三二七二九到山到水。

是年定多剝削

鄙人十九而從師於錫山楊九如先生門下。按楊師係章氏無心道人之外戚曾得秘授名聞遐邇今年七十尚精神鑱鑠以上兩稿係摘錄原本聊作參考其餘不敢披露從略。

● 編輯遺憾

鄙人少學多餐此次編訂大玄空路透係用最粗俗之語氣閱者未免生厭。校對又愧不周。參錯難免。一則限於經費字號未能放大篇幅未能盡刊至於名著及奇門各法不得不從略行事閱者宥之。

一瞑聽堂藏版

◎刊誤

第一卷第二頁。九運分配法解內民國十二年止誤刊為十(三)年。又第十二頁二黑運圖

內丑艮寅誤刊為丑艮(辰)。又第十四頁三元九運二十四山向中宮立極說誤刊為中宮

(亥)極說又第十八頁陰陽順逆分配法內即以坤來配所立山向誤刊為(以即)。又第二

十頁。九星衰旺生死辨五黃運內四綠三碧為衰九紫一白二黑之下應去(五

黃)二字。一白二黑之下應去(三碧)二字。又第二十四頁論命宮尅制內命宮為離九屬

火誤刊為(令)宮。又論山法內古人論之已詳誤刊為(故)人。又第二十五頁論隨間論間

內四運開巽門誤刊為巽(間)。又第二十七頁論分房內明乎天心分房之法誤刊為天(

必)分房。又第六卷第八頁內五運乾山巽向圖解之下應加(亥巳同)三字。又第八卷第

九頁內下元七赤運結論誤刊為(中)元七赤運。

○三元奇術研究社緣起及章程（民國壬戌季夏訂）

三元乃古學之一始於黃帝迄今數千年諸家雜出名目繁多向無統共研究之所爲造者
僞造闡揚者闡揚因之邪說橫流幾至湮沒鄙人有鑒於此爰於旅次設立研究社於滬江。
有志古學者均可入社庶存者得安居樂業沒者得安彼先靈不受術士之所欺不至金錢
之妄費於社會身心不無裨益好學者其鑒諸。

宗旨　本社係義務性質以救濟社會普及教育闡揚玄妙爲宗旨

定名　分上中下大三元兼研究奇門選吉各法故定名爲三元奇術研究社

資格　凡品行端正不涉江湖有志研究者不論年限均可入社

研究　本社一宗蔣氏章氏溫氏諸家秘法並研究山法水法陽宅陰宅大立空飛星三奇
　　　六儀八門九星各圖說及其他對於堪輿上應用各法

教授　分函授面授兩課保證學成函授課每五日寄講義一次有疑難處得隨時函詢面
　　　授諜按日到社聽講時間面訂如不用講義而逕用本社書籍研究者聽

納費　函授課每月四元三個月爲期面授課每月六元兩個月爲期期滿後繼續研究者

　　　　一概免費

書籍　本社爲公開起見特編印大玄空路透一部計五萬餘言欲購書費另加

報名　如有誠意入社研究者於接到章程後十日內將第一個月研究費寄社本社給以

　　　　收據即爲開始之期

優待　介紹三人以上者免全費介紹二人者減半

試驗　分函試面試兩種函授各友可就近擇定某墓某宅山向繪成圖式註明山水門路

　　　　方位及造葬年代寄社本社即有詳細答覆作爲教案面授各友可就近擇定墓宅

　　　　約期實地試驗

設施　本社草創伊始一俟經濟充足即擬發行奇術周刊凡社友著作均可寄社登刊並

　　　　擬設立奇術書館以圖刷新

義務　本社爲救濟社會起見並代卜陰陽各宅及代選吉期

社址　上海新閘大王廟北成都路祥安坊七百十六號

附則　本章程有未盡善處隨時修改

非賢
莫傳

中華民國十二年癸亥孟冬月付刊

著作　武進浩然談養吾

藏版　上海三元奇術研究社
　　　新聞路北成都路大王
　　　廟祥安坊七百十六號

發行　上海三元奇術研究社

代印　東方美術印刷所
　　　上海山海關路南興坊一百
　　　十七號半電話西一六三七

談氏三元地理大玄空路透（原版足本）

編號	類別／書名	作者	說明
217	蔣徒呂相烈傳《幕講度針》附《元空秘斷》《陰陽法竅》《挨星作用》		蔣徒呂相烈傳
218	挨星撮要（蔣徒呂相烈傳）	[清]呂相烈	蔣大鴻門人呂相烈三元秘本三百年來首次破禁公開！
219–221	《沈氏玄空挨星圖》《沈註章仲山宅斷未定稿》《沈氏玄空學（四卷）原本》合刊（上中下）	[清]沈竹礽 等	揭開沈氏玄空挨星五行吉凶斷的變化及不同用法、章仲山宅斷未刪改本、沈氏玄空學原本佚文、玄空挨星圖稿鈔本，大公開！
222	地理穿透真傳（虛白廬藏清初刻原本）	[清]張九儀	三合天星家宗師張九儀畢生地學精華結集
223–224	地理元合會通二種（上）（下）	[清]姚炳奎	分發兩家（三元、三合）之秘，會通其用詳解注羅盤（蔣盤、賴盤；…義理、斷驗俱
	其他類		
225	天運占星學 附 商業周期、股市粹言	吳師青	天星預測股市，神準經典
226	易元會運	馬翰如	《皇極經世》配卦以推演世運與國運
	三式類		
227	大六壬指南（清初木刻五卷足本）		六壬學占驗課案必讀經典海內善本
228–229	甲遁真授秘集（批注本）（上）（下）	[清]薛鳳祚	明清皇家欽天監秘傳奇門遁甲
230	奇門詮正	[民國]曹仁麟	簡易、明白、實用，無師自通！
231	大六壬探源	[民國]袁樹珊	民初三大命理家袁樹研究六壬四十餘年代表作
232	遁甲釋要	[民國]徐昂	推衍遁甲、易學、洛書九宮大義！
233	《六壬卦課》《河洛數釋》《演玄》合刊	[民國]	疏理六壬、河洛數、太玄隱義！
234	六壬指南（[民國]黃企喬）	[民國]黃企喬	失傳經典 大量實例
	選擇類		
235	王元極校補天元選擇辨正	原[清]謝少暉輯、[民國]王元極校補	三元地理天星選日必讀
236	王元極選擇辨真全書 附 秘鈔風水選擇訣	[民國]王元極	王元極天昌館選擇之要旨
237	蔣大鴻嫡傳天星選擇秘書注解三種	[清]蔣大鴻編訂、[清]楊臥雲、汪云吾、劉樂山註	蔣大鴻陰陽二宅天星擇日日課案例！
238	增補選吉探源	[民國]袁樹珊	按表檢查，按圖索驥：簡易、實用！
239	《八風考略》《九宮撰略》《九宮考辨》合刊	沈瓞民	會通沈氏玄空飛星立極、配卦深義
	其他類		
240	《中國原子哲學》附《易世》《易命》	馬翰如	國運、世運的推演及預言